簡単！楽しい！

おうちでできる
音楽&リズムあそび

鈴木豊乃

YAMAHA

まえがき

——音楽の力で子育てを楽しくする方法

◆声の力

子どもは胎内にいるときからお母さんの声を聴いています。

声質とは関係なく、お母さんの声の振動は子どもの心と共鳴します。褒《ほ》める言葉も叱る言葉もお母さんの声がいちばん心に響くのです。

テレビやＤＶＤでどんなに素晴らしい演奏を聴かせたとしても、親子が心の交流をするアンテナは、デジタルではなくアナログです。

深く穏やかな呼吸の中から発せられる声（歌）には力があります。とくにお母さんの声には「愛」というスパイスも含まれます。

声（歌）を通してお子さんの心とぜひ響き合ってください。

◆リズムの力

リズムは音楽の世界だけに存在するものではありません。

人は誕生したときから心臓の鼓動（ビート）とともに生きています。

二足歩行もリズムですし、スキップやまりつき、なわとび、跳び箱などのスポーツにもリズム感が必要です。

会話も同様で、話の「テンポ」や「間合い」はリズムそのものです。

そのほか、効率よく仕事をこなすことも、育児をしながらテキパキと家事をこなすことも、絶妙なタイミングを計る「リズム感」が左右するのです。

リズム感は心臓の鼓動と同様に、誰にでもあるものです。そして、育てていくことができるものです。であれば、早い時期からリズムを意識して「よいリズム感」を育てていくことは、その後の人生に大きく影響すると思いませんか。

◆音楽の力

私はこれまで「音楽が嫌い」という人に出会ったことがありません。ジャンルの好き嫌いはあるにせよ、人は何かしら音楽と触れ合う時間を楽しんでいるのではないでしょうか。

悲しいときや落ち込んだとき、音楽は悲しみを和らげ癒してくれます。昔聴いていた音楽を耳にすると、その当時のことを懐かしく思い出すように、音楽は、体験やそのときの心情と深く結びついていることも多いようです。

歌うことも、自分で演奏することも、聴くことも、作曲することもすべて、自分で自分を癒して元気を作り出しているのです。つまり音楽は、生きる力と結びついているのではないでしょうか。

これから子どもたちが生きていく中でたくさんの試練があることでしょう。しかし音楽がいつも側にあれば「生きていく力」に変えることも可能です。

音楽がいつも身近にある人生はとても楽しく豊かです。日々、耳に入ってくる音を意識的に聴く「音楽耳」を養うことで、音や音楽により敏感になります。

生活の中に音楽を生かす術をぜひ伝えていただきたいと思います。

◆肌を触れ合い、向き合いながら音楽あそびを！

本書でご紹介するあそびは子どもがひとりでやるものではありません。

子どもを抱っこしたり、手をつないだり、向き合ったりしながらお母さんやお父さんと一緒に行うものばかりです。

０歳から３、４歳くらいまでの時期は、人生でもっともお母さんと触れ合う時間が長いです。この時期の子どもはとても多くのことを吸収し、学びます。テレビやＤＶＤを見せっぱなしにしたり、携帯電話やスマートフォン、ゲーム機を与えっぱなしにしたりしないでください。この時期を「ひとりあそび」で終えさせてしまうのはもったいないです。

上手にコミュニケーションをとりながら、子どもとのこの尊い時間を和やかに過ごしてみませんか。

そのためには「音楽」はとてもよい〝道具〟です。

音楽やリズムあそびをうまく活用して、子どもと楽しい時間を過ごしてください。

◆**「ラク」にするのではなく「楽しく」する**

私の経験上、「ラク」な子育ては存在しないと思っています。しかし、「楽しく」することは可能です。

本書で紹介するあそびはどれも道具不要、体力不要、知識不要、お金もかかりません。年齢や国を超えて楽しめる「音楽あそび＆リズムあそび」を子育てに上手に取り入れてみましょう。

大人も子どもも一緒に楽しみ、心豊かな生活を送っていただけたら、こんなに嬉しいことはありません。

本書の使い方

あそび方、うたい方など

おうちで簡単にできるあそびをたくさん紹介しています。「あそび方」「うたい方」を見て実践してください。「あそび方のコツ」「うたい方のコツ」はより効果的にあそぶ方法なので、余裕があればそれらも意識してみてください。「バリエーション例」ではほかのあそび方も紹介しています。いろいろとチャレンジしてみましょう！

レベル設定

各年齢ごとに「初級」「中級」「上級」を設定していますが、あくまで目安です。子どもがやりたがるようであれば、レベルは気にせずにいろいろとあそんでみてください。

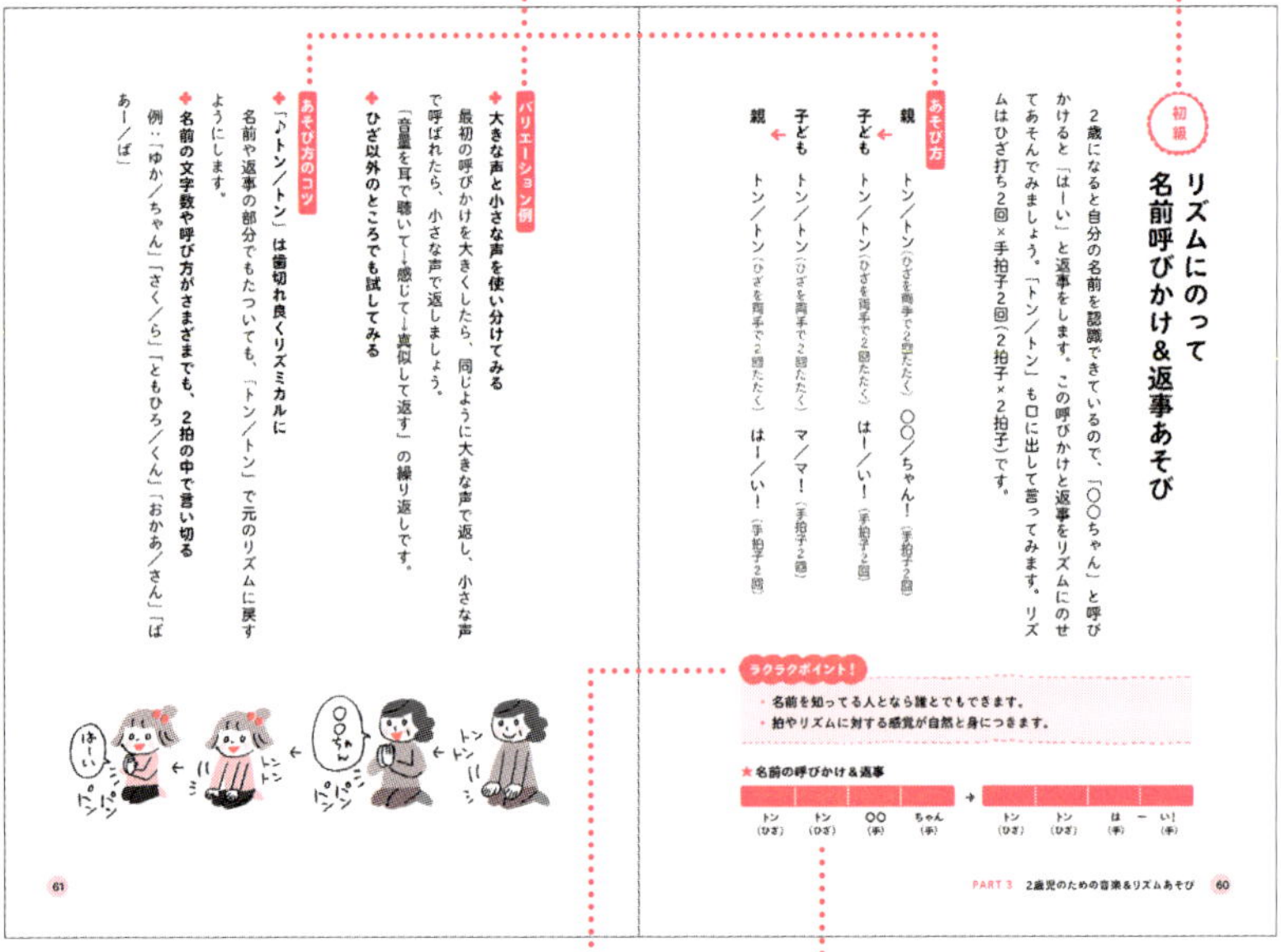

初級

リズムにのって名前呼びかけ&返事あそび

2歳になると自分の名前を認識できているので、「○○ちゃん」と呼びかけると「はーい」と返事をします。この呼びかけと返事をリズムにのせてあそんでみましょう。「トン／トン」も口に出して言ってみます。リズムはひざ打ち2回×手拍子2回（2拍子×2拍子）です。

あそび方

親　トン／トン（ひざを両手で2回たたく）　○○／ちゃん！（手拍子2回）

← 子ども　トン／トン（ひざを両手で2回たたく）　はー／い！（手拍子2回）

子ども　トン／トン（ひざを両手で2回たたく）　マ／マ！（手拍子2回）

← 親　トン／トン（ひざを両手で2回たたく）　はー／い！（手拍子2回）

ラクラクポイント！

- 名前を知ってる人となら誰とでもできます。
- 拍やリズムに対する感覚が自然と身につきます。

★名前の呼びかけ&返事

トン（ひざ）　トン（ひざ）　○○（手）　ちゃん（手）　→　トン（ひざ）　トン（ひざ）　は　ー（手）　い!（手）

PART 3　2歳児のための音楽&リズムあそび　60

バリエーション例

- 大きな声と小さな声を使い分けてみる

最初の呼びかけを大きくしたら、同じように大きな声で返し、小さな声で呼ばれたら、小さな声で返しましょう。

「音量を耳で聴いて→感じて→真似して返す」の繰り返しです。

- ひざ以外のところでも試してみる

あそび方のコツ

- 「♪トン／トン」は歯切れ良くリズミカルに

名前や返事の部分でもたついても、「トン／トン」で元のリズムに戻すようにします。

- 名前の文字数や呼び方がさまざまでも、2拍の中で言い切る

例：「ゆか／ちゃん」「さく／ら」「ともひろ／くん」「おかあ／さん」「ばあー／ば」

61

ラクラクポイント！

どんなシーンで楽しめるのか、そしてこのあそびをすることでどのような効果や楽しみがあるかを紹介しています。子どもの音楽の素養を強化するポイントもたっぷりです。

リズム棒

紹介している歌のリズムイメージです。ぜひこのリズムをほかの歌でも試してみてください。

PART
1

0歳児のための
音楽＆リズムあそび

0歳は……

一生の中で
もっとも発達が著しい時期

首

生後5ヵ月ぐらいで
首がすわる

目

最初はぼんやり。
生後3ヵ月ぐらいから
動くものを目で追う

手

こぶしをぎゅっと握る。
生後1ヵ月ほどで
開いたり動かしたり
する

耳

生まれたときから
しっかり
聴こえている

足

座る→ハイハイ→
立つ→つたい歩き

体

生後5ヵ月ぐらいから
体をねじったり
寝返りをうったりする

成長の大まかな流れ

0ヵ月	・大半を寝て過ごす。 ・大きな音に反応する。 ・目はぼんやりと見える程度。
1〜2ヵ月	・目の前のものを目で追う。 ・アー、ウー、クーなどの声を発する。
3〜4ヵ月	・笑ったり泣いたり、表情が出てきて体で表現しようとする。 ・声や音のする方向に目や顔を向ける。
5〜6ヵ月	・首がすわり、寝返りをうつ。 ・体の動きが活発になる。 ・興味のあるものに手を伸ばす。
7〜8ヵ月	・お座りをする。 ・視野が広がり、興味の範囲が広がる。 ・声に出して自分の意思を伝えようとする。
9〜10ヵ月	・ハイハイをする。 ・運動能力が高まり、行動範囲が広がる。 ・手や指の動きが柔軟になってくる。
11〜12ヵ月	・つかまり立ちや、つたい歩きをする。 ・言葉を理解する。

0歳児の音楽あそびの極意

1 笑顔を心がけよう！

2 とにかくたくさん声（歌）をかけよう！

3 反応がなくてもめげるな！

初級

お母さんやお父さんの声を記憶させよう

1日の大半を寝て過ごす新生児と関わるチャンスは、「授乳」と「おむつ交換」のときです。その際にはたくさん声をかけてあげましょう。何を話せばいいの？　と悩む必要はありません。その子の名前を呼ぶだけでもいいのです。笑顔で明るく、ゆっくりと、抑揚をつけて声をかけましょう。

胎児は20週目あたりから聴覚が発達しはじめると言われているので、赤ちゃんはお腹の中にいるときからすでに親の声を聴いています。生まれる前から聴き慣れているので、その声を聴けば安心するはずです。

ラクラクポイント！

- 授乳しながらでもおむつ交換しながらでもできます。
- 親の声を記憶させると、機嫌が悪いときでも、声をかけるだけで泣き止みやすくなります。

初級

歌つきマッサージで食欲アップ

うたいながら、足、手、お腹、ほっぺなどをなでなでしたり、ぐるぐる回してみたり、さすってみたり、体にやさしく触れるだけのあそびです。新生児であればおむつ交換のときに、2～3ヵ月以降の赤ちゃんであれば起きていて機嫌のいいときにできます。

ベビーマッサージの定番曲にこだわらず、オリジナルソングで自由にうたいながらやってみましょう。

できるだけテンポよく、たくさん体を動かしてあげるのがポイントです。

マッサージ例

✚ 股関節から足をぐるぐるさせる

「あんよがぐーるぐる、あんよがぐーるぐる……」

➡「ぐーるぐる」は声を大きめにして一定のテンポを保ちましょう。

ラクラクポイント！

- 寝かせたままでできます。
- 赤ちゃんにとっては適度な運動になるので、食欲も出て、よく眠ります。

腰の両側をさする（赤ちゃんは足を伸ばす）

「のびのびー!!　のびのびー!!」

↓元気よく言います。自分から伸ばさない場合にはやさしく伸ばしてあげましょう。

ほっぺをぐるぐると回しながらなでる

「ほっぺがすーべすべ！　ほっぺがふっかふか！」

↓言葉はリズミカルに、ほっぺを触る手はやさしくしましょう。

赤ちゃんの両手をとって、拍手をさせるようにあわせる

「おてて、ぱちぱちー！　ぱっちんぱちぱっちー！」

↓いろいろなリズムを試してみましょう。

お腹のあたりを軽くつつくようにくすぐる

「ぱくぱくぱくー！　食べちゃうぞー！」

↓いろいろなリズムでお腹をつついてみましょう。

初級

ハミングでリラックスさせよう

この時期に聴かせる最良の音楽は、お母さんやお父さんの歌声。子守唄のCDやアプリもたくさんありますが、聴き慣れた親の声が赤ちゃんにとっては一番心地いいはずです。

正しい音程でうたえるようになるのは2歳ぐらいからなので、「音痴だと赤ちゃんに悪影響を与えるのでは？」といった心配は、一切不要です。赤ちゃんはお母さんとお父さんの声が大好き。声にはパワーがあるのです。

- **テンポはゆっくりめで、おしゃべりする声より少し低めの音域を意識**
- **歌詞がわからないときは「るるる」とか「ららら」でうたう**

ふたつのポイントを意識するだけで、赤ちゃんはリラックスできます。やさしい歌声をいっぱい届けてください。

ラクラクポイント！

- 赤ちゃんだけでなく、親の気持ちも穏やかになります。
- ハミングの繰り返しなので、疲れません。

初級

ひざの上で〝表情〟を使ってあそぼう

首のすわっていない赤ちゃんと対面であそぶには、大人がひざを伸ばして座り（または三角座りで）、足の上に赤ちゃんをあおむけに寝かせます。

歌や音楽に合わせて手を上に伸ばしたり、左右にゆっくり揺らしたり、手を合わせたり、お腹や足をくすぐったりなど、ゆっくり体を動かしてみましょう。動きに合わせて「バンザーイ！」「ゆーらゆーら」「パンパン！」「コチョコチョ～」など抑揚をつけながら元気に声をかけてください。声かけと同時に目や口なども大げさに動かして、表情豊かに行うのがポイントです。

ラクラクポイント！

- 大きな声が出せない公共の場では親の目（目配せ）や口の表情に合わせてあそべます。

中級

替え歌を楽しもう

寝かしつけるときの「子守唄」だけでなく、起きているときも積極的に歌を取り入れましょう。親も楽しめることが大切なので、子ども向けの曲ばかりでなく、大人向けの曲でもいいですね。

レパートリーを増やすよりも、いっそおちゃめで楽しい「替え歌」を作ってみましょう！

歌の例

「ぞうさん」のメロディで替え歌

○ちゃん　○ちゃん　おめめがかわいいよ
そうよ　かあさんもかわいいの

↓「おめめ」の部分は「お鼻」「お口」などに変えられます。

ラクラクポイント！

- 曲数を覚えなくても楽しめます。
- ちょっと恥ずかしい内容の歌詞でも歌ならば思いっきりうたえます。
- 子どもや自分を褒める内容をあえて盛り込めば、ストレス解消になります。

「メリーさんのひつじ」のメロディで替え歌

△(名字)さんちの○(名前)ちゃん　○ちゃん　○ちゃん
△さんちの○ちゃん　かわいいな

↓1行目を少し変えて、「○ちゃんの　おめめ　お鼻　お口」などにもできます。バリエーションを楽しんでください。

「うさぎとかめ」のメロディで替え歌

もしもし　○ちゃん　○ちゃんよ　せかいのうちに　おまえほど
かわいい　かわいい　ものはない　どうしてそんなにかわいいのか

「おはながわらった」のメロディで替え歌

○ちゃんがわらった　パパさんもわらった　○ちゃんがわらった
ママさんもわらった　みんなわらった　いちどにわらった

中級

子どもの笑いのツボをおさえよう

子どもが生まれてから親がとくに喜びを実感するのは、子どもが「笑うようになったとき」ではないでしょうか。笑顔が見たくて大人は一生懸命赤ちゃんをあやします。

赤ちゃんの笑い方はさまざま。ニコッと笑う子、ニヤリと笑う子、フッと鼻で笑う子、ケラケラと声を出して笑う子など、笑い方にも個性がでます。

自分の子はどんな風に笑いますか？　ご機嫌になるアイテムやあそびは何ですか？　どんなことに興味を示しますか？

その子の「笑いのツボ」を探すためのヒントをお教えします。

✿「いないいないばぁ」

大げさに抑揚をつけながら、「いないいないばぁ」をしてみましょう。「ばぁ」の前は少し間をあけて、顔にも表情を加えて大げさに言ってみましょう。慣れてくると、「ばぁ」を予測するようになります。

「ば、ば、ば、ば、ぶぁー！」とだんだん声を大きくしたり、速度を速めたり逆に遅くしたり、音楽的な変化をつけると喜ぶので、どんなときにとくに喜ぶのかを探してみましょう。

✚くすぐりを大活用

歌をうたったり、音楽を聴いたりするときに、歌のテンポに合わせて体をトントンと軽くたたいて拍子を一緒にとりますが、フレーズの最後の音で必ずお腹のあたりをくすぐります。慣れてくると、赤ちゃんはくすぐられることを予測して、その前に体を構えたり笑い出したりします。

歌の例　**「ドラえもんのうた」**

＊トン＝体を軽くたたく　コチョコチョ＝くすぐる

（トン）こんなこと（トン）いいな　（トン）できたら（トン）いいな　（トン）あんなゆめ　（トン）こんなゆめ
（トン）いっぱい（トン）あるーけ　（コチョコチョ）どー……

ラクラクポイント！

- 笑いの定番ネタがあると、機嫌が悪い時に気分を変えられます。
- 赤ちゃんの笑い声は、大人の疲れを癒してくれます。

中級

表現の幅を広げよう

手でものがしっかりつかめるようになったら、オモチャのラッパ、笛、タンバリン、太鼓など音が出る楽器に触れさせてみましょう。安価なオモチャでよいですし、太鼓は身近にあるティッシュ箱や空箱でも十分です。音を出したら、「大きい音が出たね」「ぷっぷぷぷー」「ドンドン！」など必ず声をかけることが大切です。

もう少し大きくなったら、太鼓やタンバリンをたたくときに「小さな音でそーっと」「思いっきり強く！」と音の強弱を教えてあげましょう。ラッパや笛なら息を長く吐いたり短く切ったり、といった音の長短も学べます。

ラクラクポイント！

- 強弱や長短の表現力が身につきます。
- ひとりでもあそべます。

中級

手あそび歌をたくさんマスターしよう

お座りができるようになると、大人と向かい合うことができるようになります。

お母さんやお父さんの言葉と身振りを理解できているように見えたら、「手あそび歌」をぜひやってみましょう。手(先)を使い、言葉を使い、動きを真似する、リズムにのって動く、これらの要素を含む「手あそび歌」は脳の発達にも効果的ですし、親子で楽しめます。

歌の例1　**「いとまきのうた」**

いとまきまき　いとまきまき　（両手をげんこつにして胸の前でぐるぐる回す）
ひーいて　ひーいて　（両手をげんこつのまま左右に2回引く）
トントントン　（げんこつを上下に3回たたく）
いとまきまき　いとまきまき　ひーいて　ひーいて　トントントン　（＊動きは繰り返し）
できた　できた　（リズムに合わせて拍手を7回）
こびとさんのおくつ　（くつの形を作るマネをする）

バリエーション例

- **目の前に太鼓や空箱を用意しておき、「♪トントントン」の箇所でたたく**
- **「♪トントントン」の箇所で赤ちゃんの体を軽くたたく**
- **「♪トントントン」の箇所で自分の体（ひざ、肩など）をタッチ**

子どもは細かい動作ができないので「トントントン！」や「おくつ」は元気よくうたわせてあげましょう。フレーズの最後をしっかりきめれば音楽的に引き締まり、手の動きが完璧にできていなくても達成感が得られます。

歌の例2　**「グーチョキパーでなにつくろう」**

グーチョキパーで　グーチョキパーで　（両手でグー　チョキ　パーを作る）
なにつくろう　なにつくろう　（両手を広げてリズムに合わせて左右に4回振る）
右手がグーで　左手がパーで　（右手でグーをつくり、左手でパーをつくる）

ヘリコプター　ヘリコプター

（右手の上に左手を乗せてプロペラのように左手を動かす）

この曲は最後の出来上がりの形を楽しむのがポイントなので、最後の言葉は抑揚や顔の表情をつけて大げさに表現しましょう。

歌の例3　オリジナル「グーチョキパーでなにつくろう」

グーチョキパーで　グーチョキパーで
なにつくろう　なにつくろう
○ちゃんがパーで　ママもパーで
なかよしさん　なかよしさん（お互いの手をつないで左右に振る）

ラクラクポイント！

- 公共の場や玩具がないときでも簡単に子どもの機嫌がなおります。
- 子どもが複数でも一緒に楽しめます。
- 適度な運動になるだけでなく、脳の発達も促します。

上級

〝小さな声〟を工夫しよう

手あそび歌にひと工夫を加え、小さな動きや小さな声（音楽用語でいうピアニッシモ「*pp*」）を教えましょう。「ちっちゃな声でうたってみるね」「ありさんの声を出してみるね」などと言います。

顔の表情も大げさにして、小さな動きが面白くて楽しいもの、と思わせることが大切。一般的な手あそび歌を小さくうたってもよいですし、オリジナルで小さな声用の歌を作っても楽しいですね。

歌の例　**「ぞうさん」のメロディで**

ぞうさん　ぞうさん　どすどす　げんきだね　（大きな声で）

ありさん　てくてく　たのしいね　（小さな声で）

ラクラクポイント！

- これをマスターすれば、公共の場や静かに過ごしたい時に大活躍！
- 大きな声を出さずにすみます。

上級

全身でビートを感じられるようにしよう

つかまり立ちができるようになると、テーブルに手を添えてふんばりながらひざの屈伸のような動きもします。テレビの音や歌に合わせて体を動かすこともできます。背中を支えて、音楽のリズムに合わせて体の上下運動（屈伸）を手伝ってあげましょう。

「1　2　1　2」とリズミカルなかけ声をかけてあげます。最初は2拍ごとに1回（「1　2」の2のとき）動かし、慣れてきたら1拍ずつ（「1　2」の両方で）動かします。

速く動かすと赤ちゃんも興奮して喜びます。反応はそれぞれですが、頭を動かしたり、声を出したりする子もいるでしょう。

ラクラクポイント！

- 大人はかけ声とサポートだけで体を使いません。
- 全身運動なので、疲れてよく眠るようになります。

★2拍ごとに動かす→1拍ずつ

1	2	1	2	1	2	1	2	1	2
	↑		↑		↑		↑		↑

動かす

→

1	2	1	2	1	2	1	2	1
↑	↑	↑	↑	↑	↑	↑	↑	↑

動かす

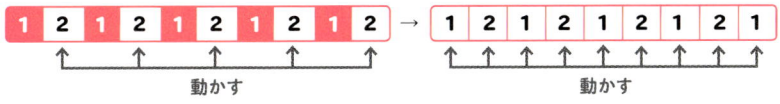

上級

真似っこあそびで学びの基本を知ろう

立っていられるようになると、体全体を使う手あそび歌ができるようになります。また、簡単な動きならば真似ることもできます。お母さんとお父さんはできるだけ大きくリズミカルな動きをして、赤ちゃんが真似をしたときには、「おっ、上手！」「うわっ、かわいい！」など、大げさに褒めて、どんどんのらせましょう。真似っこあそびは学びの基本です。

動きの例1

「げんこつやまのたぬきさん」のだっこやおんぶの動きを対面で見せます。

動きの例2

動物の動きと声を真似てみます。

「たぬきさん、ぽんぽこぽん」（お腹をグーでたたく振りをする）

「ウサギさん、ピョンピョン」（頭の上に手で耳を作って跳びはねる）

ラクラクポイント！

- この時期から「真似る」ことの楽しさを覚えると、学ぶことの楽しさを理解しやすくなります。

上級

必ずノリノリになる1曲を見つけよう

家庭で流れる曲やテレビの音楽を聴いているうちに、お気に入りの曲が出てくるはずです。それを親が把握しておくと便利です。

私の息子が生後10ヵ月の頃、赤ちゃんに大人気のテレビＣＭがありました。そのＣＭになると息子は「あっ！」と声を上げ、どんなに機嫌が悪くても、音楽に合わせて体を上下左右に動かしていました。

そのうちに画面を見なくても音楽だけで反応するようになりました。0歳児でも、一定の音楽を記憶することが可能だということです。その能力を刺激する音楽やリズムあそびが、脳の活性化へとつながります。

ラクラクポイント！

- 機嫌の悪いときでも、聴くだけですぐに気分が変わります。
- 子どもと喜びを共有できます。

オススメの子守唄

オススメは音域の高低差が少なく、テンポはゆっくり（心拍数の2分の1くらい）なものです。

歌詞は間違ってもあまり気にせず1番をひたすら繰り返してもいいですし、歌詞がわからないときはハミングでも問題ありません。

友人のお子さんで、長渕剛の「順子」で必ず眠りに落ちるという赤ちゃんがいました。

子どもによっては定番曲と呼ばれる楽曲が当てはまらないこともあります。いろいろ試してお気に入りの子守唄を見つけるのも楽しいですね。

日本の子守唄、童謡

- 江戸の子守唄　・中国地方の子守唄
- 赤とんぼ　・もみじ
- うれしいひなまつり
- まっかな秋　・ぞうさん
- さくらさくら　・夏の思い出
- 七つの子　・夕焼け小焼け
- うみ　・ゆりかごの歌
- おかあさん　・あめふりくまのこ
- 大きな古時計

テレビ、映画、アニメの歌

- いつも何度でも（『千と千尋の神隠し』より）
- 君をのせて（『天空の城ラピュタ』より）
- やさしさに包まれたなら
- 涙そうそう
- ハナミズキ
- パート・オブ・ユア・ワールド（『リトル・マーメイド』より）

PART
2

1歳児のための
音楽＆リズムあそび

1歳は……

行動範囲が急に広がるとき

脳
単語を理解できるようになる

目
視力は0.1～0.4くらい。視野はまだ狭い

耳
視界になくても音を探す。集中時は、音に反応しないことも

口
歯が16本ぐらいに増える。簡単な単語を話すようになる

手
簡単な道具を使えるようになる

体
歩行による身体機能の発達で体が引き締まる

足
歩きはじめる。1歳後半では走ることもできる

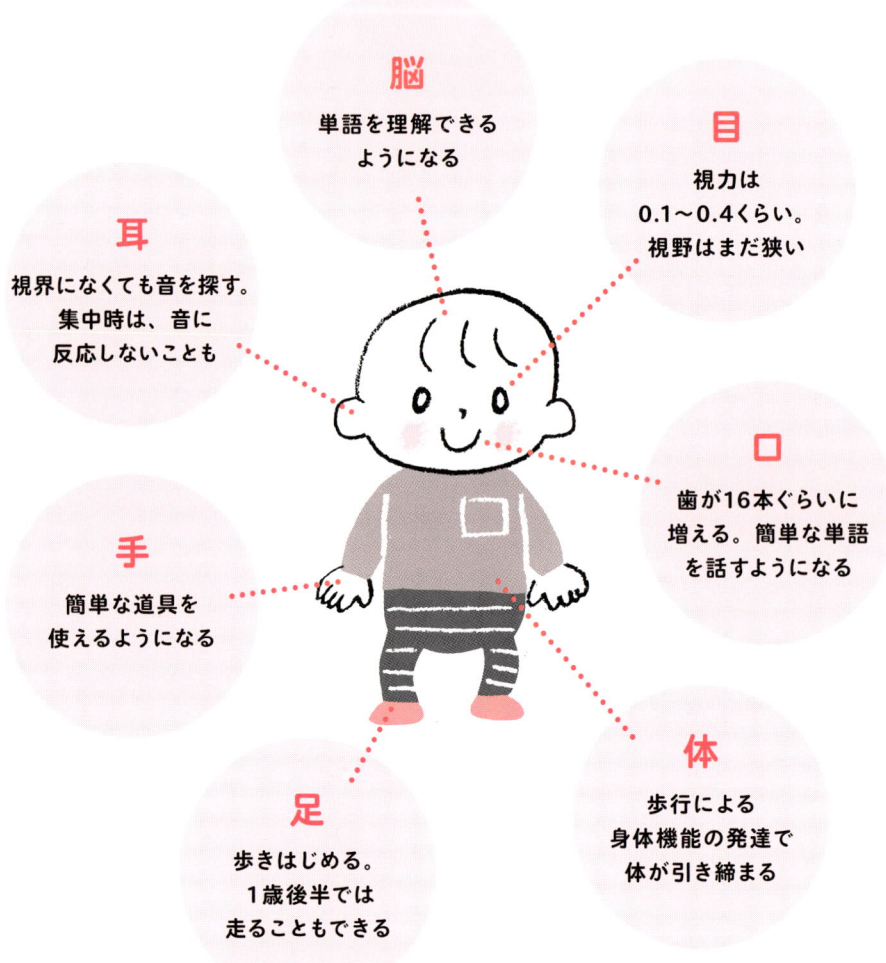

成長の大まかな流れ

1歳0ヵ月
- 起きている時間はじっとせずあそんで過ごす。
- 自分の名前を認識する。

1歳1～2ヵ月
- 散らかしたり汚したりといったいたずらをする。
- 喜怒哀楽がはっきりしてくる。
- ボールあそびなど、体全体を使ってあそぶ。

1歳3～4ヵ月
- 身体機能が発達して逆立ちやでんぐり返しなどができる。
- 大人に合わせた生活リズムになってくる。
- 意味のある単語を発する。

1歳5～6ヵ月
- 机の上によじのぼったり階段をのぼったりする。
- 大人が話す単語を理解して簡単なお手伝いができる。
- 歌や振りの簡単な真似ができる。

1歳7～8ヵ月
- 歯の数が増えてハミガキがはじまる。
- 2単語続けて話すことができる。
- 自己主張が強くなる。

1歳9～10ヵ月
- いたずら書きをしたり家の中のものをいじったりと、手先を使ったいたずらが増えてくる。
- トイレトレーニングがはじまる。

1歳11～12ヵ月
- 自立心が芽生えて、何でも自分でやりたがる。
- 小走りやステップを踏むような動きができる。

1歳児の音楽あそびの極意

1 徹底的に「真似っこあそび」をしよう！

2 リアクションはできるだけ大げさに！

3 完璧を求めるな！

初級

歩くことはリズムを感じる第一歩！

1歳になるとよちよち歩きがはじまり、徐々にひとりで歩き回るようになります。歩くことで行動範囲や興味の幅がぐっと広がり、五感が刺激されます。

たくさん歩くこの時期、せっかくなので歩くことをあそびに変えてみましょう。

- よちよち歩きのときには、歩調に合わせて「1　2　1　2」などとかけ声をかけたり、「こっちにおいで」と手をたたいて呼んだりと、声や音を使って歩くことを誘導します。
- しっかり歩けるようになったら、手をつないで一緒に「1　2　1　2」「あんよさん　じょうず　あんよさん　じょうず」といったかけ声で、一定のテンポを保てるように誘導してみましょう。
- さらに余裕があれば、歩くテンポに合わせて歌をうたいましょう。歩く速さを感じながらうたうとテンポ感が養われます。

「足を上げる」「地面を踏みしめる」の繰り返しである二足歩行は、実はリズムです。

古来のお祭りや儀式には必ずステップを伴う「踊り」があります。大地を踏みしめる力強いステップはリズムを作り、言葉の強弱や自然の音が加わり、音楽となりました。

赤ちゃんが歩くとき、自分でステップを踏み、自然にリズムを作り出しているのです。その自然なテンポは成長とともに変化していきます。

赤ちゃんの作り出すリズムをぜひ楽しんでみてください。

ラクラクポイント！

- かけ声だけで、「歩き」が楽しいあそびに変化します。
- リズム感が身につきます。
- 外をお散歩すると、季節や自然を楽しむことができます。

★歩いてリズムを感じる

1	2	1	2	1	2	1	2	1	2	1	2
あんよ （左）	さん （右）	／じょう （左）	ず （右）	／あんよ （左）	さん （右）	／じょう （左）	ず （右）	／あんよ （左）	さん （右）	／じょう （左）	ず （右）

初級

オノマトペを含む歌を楽しもう

1歳を過ぎると、急速に言葉を覚えはじめます。親が声かけをしたりうたってあげたりすることで使える言葉が増え、脳も発達します。

耳で聴いた言葉をオウム返しで真似しながら単語や音楽を覚えていくのです。この時期は教えた単語をすべて正しく言えるわけではなく、発音しやすい言葉があるようです。

そんなとき役に立つのが、「ワンワン」（犬）、「ブーブー」（車）など、擬声語とも呼ばれる「オノマトペ」です。

オノマトペを含む歌を体の動きとともに見せることで、リズムを感じることができます。オノマトペの部分はほかよりも滑稽《こっけい》な声を意識してみましょう。

歌の例1 「**おもちゃのチャチャチャ**」

おもちゃの　チャチャチャチャ　おもちゃの　チャチャチャチャ

チャチャチャチャ　おもちゃの　チャチャチャチャ（「チャチャチャチャ」で手拍子3回）

そらにきらきら　おほしさま　（両手を左右に４回振る）
みんなスヤスヤ　ねむるころ　（顔の横で両手を合わせて手拍子４回）
おもちゃは　はこを　とびだして　（両手を上にあげて広げる）
おどる　おもちゃの　チャチャチャチャ
おもちゃの　チャチャチャチャ　おもちゃの　チャチャチャチャ
チャチャチャ　おもちゃの　チャチャチャチャ
（「チャチャチャ」で手拍子３回）

バリエーション例

- 「♪チャチャチャチャ」の手拍子をするとき、手をたたく位置を上・中・下と変化させます。
- 「♪チャチャチャチャ」の声を小さくしたり大きくしたり、変化をつけます。
- 最後の「♪チャチャチャチャ」の箇所でハイタッチをします。

歌の例2 「アイアイ」 ＊（ ）内は大人のパート

アイアイ （アイアイ） アイアイ （アイアイ） おさるさんだよ
アイアイ （アイアイ） アイアイ （アイアイ） みなみのしまの
アイアイ （アイアイ） アイアイ （アイアイ） しっぽのながい
アイアイ （アイアイ） アイアイ （アイアイ） おさるさんだよ
（「アイアイ」にあわせて手拍子２回）

バリエーション例

- 「♪アイアイ」の箇所で、両手をグーにして左右に振ります。
- 「♪アイアイ」の箇所でハイタッチをします。
- 「おさるさん」「しっぽのながい」などを動きで表現してみましょう。

ラクラクポイント！

- 言葉の発達の度合いに関係なく楽しめます。
- オノマトペが入っている楽曲はリズムにのりやすく、盛り上がります。

初級

家事をしながら〝声だけ〟参加！

1歳になると映像に興味を示しはじめ、テレビを見るようになります。家事や仕事がたまっているとき、雨の日や子どもの体調が悪くて外であそべない日にもテレビは大活躍。ただし、テレビ任せになりすぎないように、できるだけ「声だけ」でも参加するようにしましょう。

静かな場面で子どもが集中して見入っている時は、邪魔をしないように、そして音楽やダンスシーンになったら声だけ参加してみましょう。わずかなコミュニケーションでも「一緒に楽しむ」ことを心がけたいですね。

- **一緒にうたう（一部だけでも）**
- **鼻歌で参加してみる（意識は仕事のほうに向けておける）**
- **ノリがいい曲は、ステップを一緒に踏んだり踊ったりする**
- **面白いシーンでは「わー、すごい！」など感嘆の声で盛り上げる**

ラクラクポイント！

- 天気や時間に関係なく楽しめます。
- お母さんとお父さんは時間を有効に使えます。

中級

足踏みでリズムを感じてもらおう

歩きはじめると足の力がぐんぐんついてきます。座ってあそぶ時間よりも立っている時間のほうが長くなってくるので、足踏みでできるリズムあそびを取り入れてみましょう。

歩きはじめたばかりの子どもは不安定で体ごと左右に揺れてしまうかもしれないので、その際は手をつないであげましょう。アンバランスな身体運動も楽しみながら、まずは体でリズムを感じます。

2拍子のリズム

まずは2拍子です。子どものお気に入りの曲（CD、テレビ、生歌のオリジナルソングなど）のリズムに合わせて足踏みをします。「1　2　1　2」あるいは「左　右　左　右」などとかけ声をかけましょう。

ラクラクポイント！

- 足踏み（片足を上げる動作）は体のバランス感覚を鍛えます。
- 行列などの待ち時間などでもできます。

3拍子（ワルツ）のリズム

3拍子（1　2　3　1　2　3）のワルツのリズムを楽しんでみます。

オススメの3拍子の曲は、「ぞうさん」「うみ」です。

ワルツは1拍目を強くするリズムなので「1　2　3」とかけ声をする際も「1」を強めに言ってあげると、リズムをより楽しめます。

足踏みだけで物足りなくなったら、手拍子も組み合わせてみましょう。

1（右足でドン）
2（手拍子）
3（手拍子）
1（左足でドン）
2（手拍子）
3（手拍子）

★2拍子のリズム

1	2	**1**	2	**1**	2	**1**	2	**1**	2	**1**	2
左	右	**左**	右	**左**	右	**左**	右	**左**	右	**左**	右

★3拍子（ワルツ）のリズム

1	2	3	**1**	2	3	**1**	2	3	**1**	2	3
右足	手	手	**左足**	手	手	**右足**	手	手	**左足**	手	手

中級

子守唄を〝笑い〟でチャレンジ

1歳児にはたっぷりと睡眠が必要です。

しかし、規則正しい時間に寝かせようとしても、まだあそびたくて睡眠モードにならないときもあります。親にとって子どもを寝かせるのは一苦労。そんなときは「子守唄」をおもしろくうたって、笑わせてみましょう。最初は「子守唄」ではない曲やオリジナルソングを試してみます。

それまでぐずっていた子も、少しは落ち着きますし、まだあそび足りない子も、あそびの延長のように錯覚します。

歌の例 **「南の島のハメハメハ大王」**　＊トン＝体を軽くたたく

南の　島の　大王　は
（トン）（トン）（トン）（トン）
その名も　偉大な　ハメハメハ
（トン）　（トン）　（声色を変えて体をつつく）

ロマンチックな　王様　で
（トン）（トン）　（トン）（トン）（トン）
風の　すべてが　彼の　歌　星の　すべてが　彼の　夢
（トン）（トン）（トン）　（トン）（トン）（トン）（トン）（トン）（トン）
ハメハメ　ハー　ハメハメ　ハー
（トン）　（音を伸ばしながらこちょこちょくすぐる）×2回
ハメハメハメハメ　ハー
（一文字ごとに体をつつく）（音を伸ばしながらめいっぱいこちょこちょくすぐる）

うたい方と動きのコツ

✤「♪ハメハメハ」をおもしろく言う

声色を大胆に変えて、王様っぽい威厳のある低い声や、耳元でささやくような声、幼稚な高い声など、バリエーションを変えてみます。

✤あえて「♪ハメハメハ」の前で間をおいて目を合わせる

すると、「くる!」という双方の思いが重なり、笑いが起きます。

✤笑い疲れたらハミングに変える

徐々にテンポを落とし、声のボリュームやトーンも落ち着かせ、最後は歌詞はうたわずハミングにします。
笑い疲れて寝たその表情は、幸せな寝顔であることでしょう。

ラクラクポイント！

- 寝た姿勢で笑うと腹筋を使い、腹式呼吸にもなります。
- 笑うときの全身運動は心地よい疲れをもたらし、よく眠れます。
- 言葉や音楽のフレーズ感が自然と身につきます。

上級

より正確な動きを目指そう

１歳半ぐらいになると「これをゴミ箱にポイしてきて」などと頼むと簡単なお手伝いができるようになります。

それを褒めると何回も同じお手伝いをしたがります。こちらの指示をきちんと理解でき、気分がのれば同じ動きを何度も繰り返すのです。

それはただ体を動かしていた０歳のときとは違い、細かな動きを意識して行えるということ。つまり、音楽に合わせた正確な動きができるようになるのです。

手あそび歌のレパートリーがぐんと増えますし、直接教えなくてもテレビやＤＶＤから歌や動きを自然と覚えるようになります。

動作のひとつひとつを丁寧にマスターするようにしましょう。

歌の例　**「むすんでひらいて」**

むすんで　（リズムにあわせてひざの屈伸　両手はグー）
ひらいて　（両手をパーに）
手をうって　（拍手４回）
むすんで　（両手をグーに）
またひらいて　（両手をパーに）
手をうって　（拍手４回）
その手を　（手を頭の上で広げて）
上に　（頭の上でキラキラポーズ）

うたい方と動きのコツ

✤最後の「上に」を毎回別の言葉に変える

ひとつ前の「♪その手を」で少し溜めて、次の動きの指示を期待させます。なかには自分から「ひざ」「上」など決めてくる子もいます。「自分で考えて決める→こちらが従う」という流れに夢中になるはず

です。

テンポを徐々に速める

最後は超高速バージョンにしましょう。動きについていけなくなったところで最後のフレーズはゆっくり「○○ちゃんに」に変えてハグして終了です。

ラクラクポイント！

- 家でも外でもできますし、人数も選びません。
- 指示にあわせた動きができるようになります。
- 速い遅いといったテンポを理解できるようになります。

上級

真似っこリズムに挑戦！

1歳後半になると、「真似っこ」のレベルが高くなってきます。

たとえば、洗濯ものをたたいて干す大人の動作をじっと見ていてそのあと自分ひとりで真似をしたり、大人が教えた手あそび歌を、今度はぬいぐるみに向かって、〝教える真似〟をしたりします。

そこで、簡単なリズムパターンを真似するあそびをしてみましょう。

「耳で聴く→記憶→反復」という工程は脳の活性化にとても有効です。

✿ 回数を真似る

大人から子どもの順に「トン！」と声に出しながら手拍子します。元気に歯切れよく言いましょう。慣れてきたら数を増やしてみます。

大人　トン！

子ども　←　トン！

大人　トン！　トン！　トン！

子ども　←　トン！　トン！　トン！

音の強弱を真似る

同じリズムを手拍子と声で2回ずつ繰り返します。1回目は大きな音でハッキリと、2回目は手の動作や声も小さくしてみましょう。

大人　**トン！トン！**　トントン　（大きな手拍子2回＋小さな手拍子2回）

子ども　←　**トン！トン！**　トントン　（真似する）

ラクラクポイント！

- 家でも外でもできますし、人数も選びません。
- 「記憶→反復」は脳トレに有効です。

✤リズムを真似る

大人から子どもの順に「トン！」や「トッ！」と声に出しながら手拍子します。慣れてきたら、大人が強く手拍子をしたら子どもは弱く手拍子をするなど試してみましょう。

大人　トットト！
子ども ←　トットト！
大人　トトットトッ！
子ども ←　トトットトッ！

トン！トン！
トン！トン！

★リズムを真似る

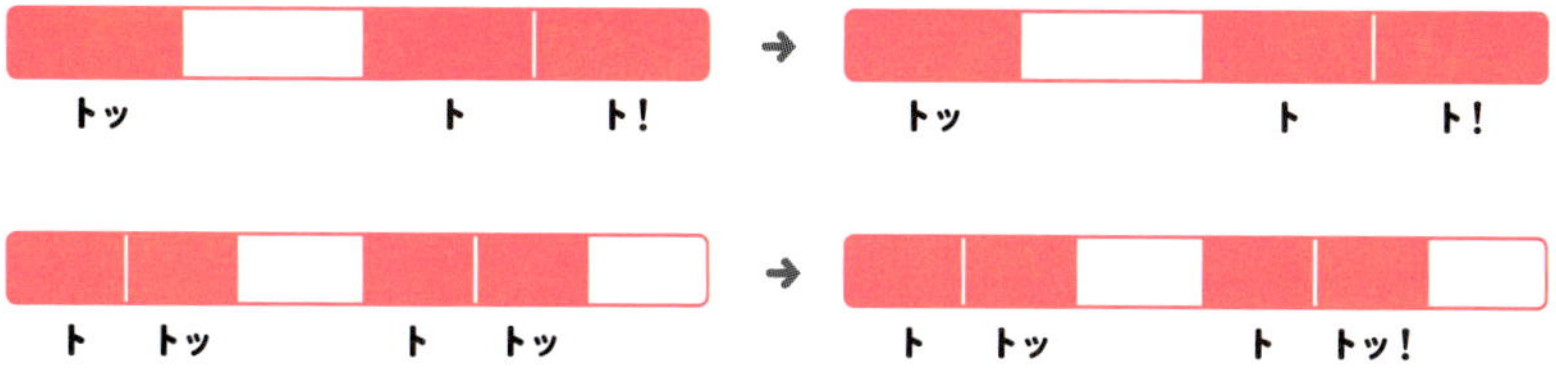
トッ　ト　ト！
トッ　ト　ト！
ト　トッ　ト　トッ
ト　トッ　ト　トッ！

上級

お風呂でドレミあそび

1歳を過ぎると、言葉と同時に「数」も覚えるようになります。お風呂で1から10まで親子一緒に数えるという家庭は今も昔も多いようです。ぜひそこに「ドレミファソラシ（ド）」も加えてみませんか。全部で8つなので1～10より少ないですが、数字と違うのは音程があるということ。そこが難しく、でも楽しいところです。

この時期の子が正確な音程でうたうことはまず無理ですから、音楽力に対する影響はほとんどありません。正しい音程でうたわなくては、と神経質に考えないようにしましょう。

音階を階段のように捉えて、「高さが違う」ことだけを認識させられれば十分です。そのためには、必ず手で高さを示すのがポイントです。

いっきに8つ覚えるのは難しいので、最初は「ドレミ」の3つにしま

しょう。手を使って下から「ドレミ」。今度は上から「ミレド」。真ん中を抜いて「ドミ」、「ミド」。

「ドレミ」を覚えたら次は「ドレミファソ」の5つに増やし、最後は「ドレミファソラシド」の8つにします。

浴槽でしっかり温まりたいときは、しっかり座って、一番低い「ド」は浴槽の底に、「レ」はお湯の表面あたりに、高い「ミ」はお湯の上にします。

最後の高い「ド」では浴槽で立ち上がって手を伸ばして高い「ド」を作ると笑いが起きて楽しくなります。

ラクラクポイント！

- 入浴しながらできます。
- 高さをイメージしながら声を出す(表現する)と右脳を刺激して脳の活性化につながります。
- 階段をのぼるときのかけ声として使うこともできます。

オノマトペを含む歌

擬声語とも呼ばれる「オノマトペ」の使用については賛否両論あります。小学校入学までには正しい単語にスライドさせなくてはいけませんから、子どもを混乱させてしまうというのが反対の理由のようです。

いろいろな考え方がありますが、親があえて教えなくとも大半の子どもは言葉を自然に修正していきます。2歳のときに車を指差してブーブーと言っていた子も、小学生になると「車」という言葉に修正していくのです。

であれば、そんなに神経質にならずとも、1歳児が発しやすい言葉を一緒に使い、「ことば（単語）」としてではなく、「ことばの響き」を楽しんでみるのもよいのではないでしょうか。

オノマトペには本来の日本語に欠けている「リズム」が存在します。撥音、促音、反復などがそれに当たります。

子ども向けの歌には、たくさんのオノマトペが登場しますが、平坦なリズムの曲でもオノマトペの部分は音楽的にも力があり、大半の子どもはそこで大きく反応します。

オノマトペ部分は、意識して少し滑稽にうたってみましょう。手拍子やガラガラなど身近にある楽器を鳴らしてリズムをとってみても楽しいですね。

オノマトペが登場する歌

- おうま
- いとまき
- とけいのうた
- おつかいありさん
- 山の音楽家
- いぬのおまわりさん
- かえるのがっしょう
- おんまはみんな
- おおきなたいこ
- あわてんぼうのサンタクロース
- 手をたたきましょう
- 幸せなら手をたたこう

PART
3

2歳児のための
音楽＆リズムあそび

2歳は……

脱・赤ちゃん、五感が大きくひらく時期

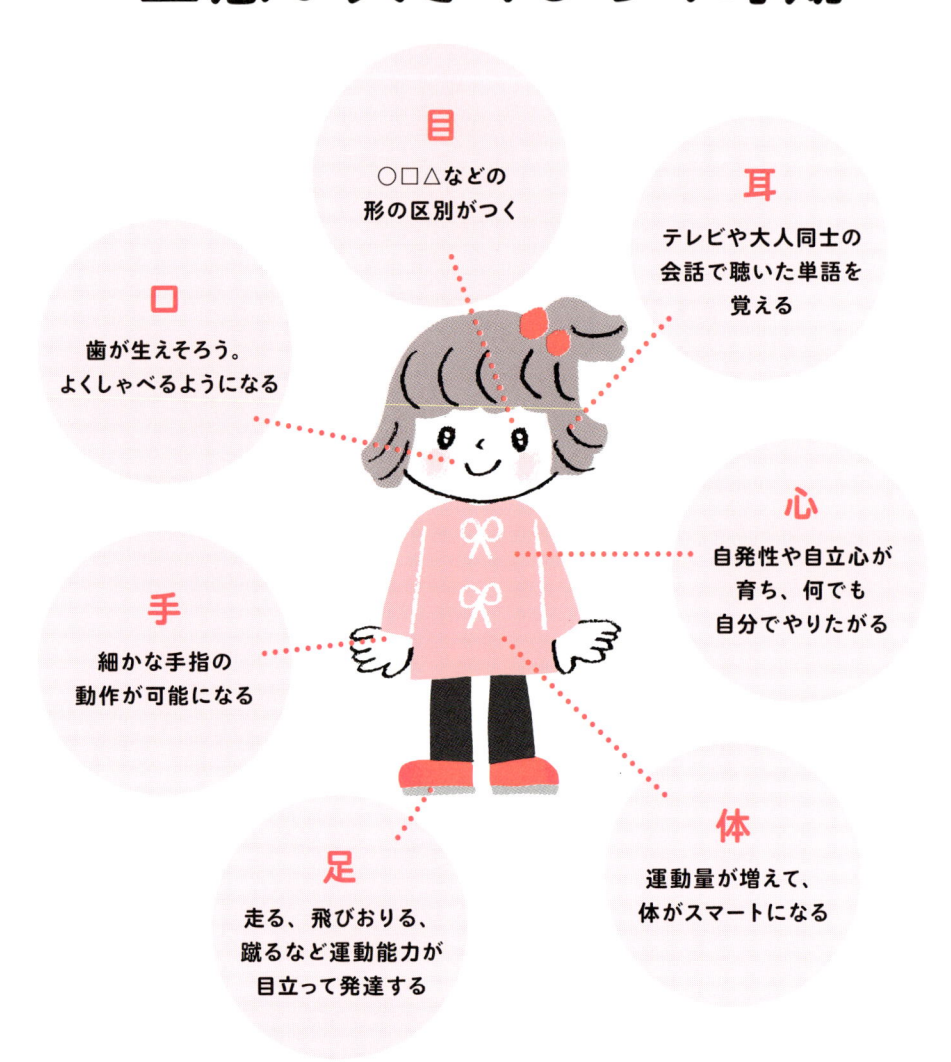

目

○□△などの
形の区別がつく

耳

テレビや大人同士の
会話で聴いた単語を
覚える

口

歯が生えそろう。
よくしゃべるようになる

心

自発性や自立心が
育ち、何でも
自分でやりたがる

手

細かな手指の
動作が可能になる

体

運動量が増えて、
体がスマートになる

足

走る、飛びおりる、
蹴るなど運動能力が
目立って発達する

成長の大まかな流れ

2歳0～2ヵ月

・体全体を動かすような外でのあそびが楽しくなる。
・転びにくくなるなどバランス感覚がつく。
・思い通りにならないと寝転がって泣いたり怒ったりする。
・二語文を話す（ワンワン／ねんね　など）。
・聴いたことのない音に反応する。

2歳4～6ヵ月

・ごっこあそびをする。
・ブロックや積み木など複雑な組み立てに挑戦する。
・想像力が豊かになる。
・意味のある絵を描く。
・「これなあに？」などたくさん質問する。

2歳7～9ヵ月

・お友達と一緒にあそぶなど、社会性が発達する。
・ぼく、わたし、と自分を認識して一人称で呼ぶ。
・感情に起伏が激しく、さまざまな感情を見せる。
・「なぜ？」「どうして？」とたくさん質問する。

2歳10～12ヵ月

・知能や想像力が発達して、粘土やお絵描きなどが上手になる。
・ページをめくる、蛇口をひねる、円を描くなど、細かな作業ができる。
・ひとりでトイレができるようになる。
・聴いたことのある音を聴き分けられるようになる。

2歳児の音楽あそびの極意

1 五感を刺激しよう！

2 体や指をたくさん動かそう！

3 かんしゃくに振りまわされるな！

初級

たくさん歌をうたおう！

話せる単語が増えてきたら、正確な歌詞で歌をうたい、レパートリーを増やしましょう。

2歳児は新しい言葉をぐんぐん吸収して記憶します。言葉の内容や意味がわからなくても、ただの音として吸収していきます。

発音の順番が入れ替わったり（おくすり→おすくり）、子音が脱落したり（りんご→いんご）、サ行の発音ができなかったり（おいしい→おいちい）しますが、気にせずにどんどん発音させることを重視します。

子どものお気に入りの曲はもちろん、お母さんやお父さんのお気に入りの曲をうたってもかまいません。いっぱいうたって、聴かせて、言葉をたくさん真似させてみましょう。

まだまだ正確な音程ではうたえないので、音痴だからと気にしなくていいです。

ラクラクポイント！

- 音程は気にせず、いろいろな歌をうたってみましょう。
- 大人もストレス発散、気分転換になります。

初級

リズムにのって名前呼びかけ＆返事あそび

２歳になると自分の名前を認識できているので、「○○ちゃん」と呼びかけると「はーい」と返事をします。この呼びかけと返事をリズムにのせてあそんでみましょう。「トン／トン」も口に出して言ってみます。リズムはひざ打ち２回×手拍子２回（２拍子×２拍子）です。

あそび方

親　トン／トン（ひざを両手で２回たたく）○○／ちゃん！（手拍子２回）

← **子ども**　トン／トン（ひざを両手で２回たたく）はー／い！（手拍子２回）

子ども　トン／トン（ひざを両手で２回たたく）マ／マ！（手拍子２回）

← **親**　トン／トン（ひざを両手で２回たたく）はー／い！（手拍子２回）

ラクラクポイント！

- 名前を知ってる人となら誰とでもできます。
- 拍やリズムに対する感覚が自然と身につきます。

★名前の呼びかけ＆返事

トン（ひざ）	トン（ひざ）	○○（手）	ちゃん（手）

→

トン（ひざ）	トン（ひざ）	は　ー（手）	い！（手）

バリエーション例

✿ **大きな声と小さな声を使い分けてみる**

最初の呼びかけを大きくしたら、同じように大きな声で返し、小さな声で呼ばれたら、小さな声で返しましょう。「音量を耳で聴いて→感じて→真似して返す」の繰り返しです。

✿ **ひざ以外のところでも試してみる**

あそび方のコツ

✿ **「♪トン／トン」は歯切れ良くリズミカルに**

名前や返事の部分でもたついても、「トン／トン」で元のリズムに戻すようにします。

✿ **名前の文字数や呼び方がさまざまでも、2拍の中で言い切る**

例：「ゆか／ちゃん」「さく／ら」「ともひろ／くん」「おかあ／さん」「ばあー／ば」

初級

外出は音の宝庫！〝気づく耳〟をつくろう

２歳児は動物の鳴き声などの音を言葉で表現できるようになります。外出したときには、さまざまな音が耳に飛び込んできますね。これは「耳を研ぎ澄ます」チャンスです。

大人にとっては騒音だったり、当たり前で感動に値しない音だったりしても、子どもにとっては新鮮な音です。

消防車やパトカーが通り過ぎたときには、サイレンの音を真似したり、「大きな音だね」「ビックリするね」「気をつけてって知らせてるんだね」と声をかけたりするだけで、大きな音の意味を理解できるようになります。

最初からいろいろな音に敏感に気づく子ばかりではないので、まめに声がけすることで、〝気づく耳〟になっていきます。

ラクラクポイント！

- 外出時に退屈しません。子どもとの話題のひとつになります。
- 「目で観察」「耳を澄ます」ことで五感を大いに刺激します。

中級

動物やものの名前でリズムあそび

言葉をどんどん覚えておしゃべりが楽しくなってくる2歳。覚えた言葉をリズムにのせて声に出しましょう。

「名前呼びかけ&返事あそび」をものの名前に変えてみます。果物の名前、動物の名前、好きな食べ物の名前、家族の名前、なんでもかまわないので、大きなテーマを決めてやりましょう。大人数で輪になってやるのも楽しいです。

「トン／トン」も口に出して言ってみます。リズムはひざ打ち2回×手拍子2回（2拍子×2拍子）です。

あそび方

親　トン／トン（膝ひざを両手で2回たたく）　パン／ダ！（手拍子2回）

子ども　トン／トン（ひざを両手で2回たたく）　ライ／オン！（手拍子2回）

ラクラクポイント！

- 家の中でも公園などの外出先でもできます。
- カウントを数えながら言葉を発するので頭の体操になります。

親　トン／トン（ひざを両手で2回たたく）さ／る！（手拍子2回）

子ども　トン／トン（ひざを両手で2回たたく）ペン／ギン！（手拍子2回）

あそび方のコツ

- **テンポよく、できるだけ止まらずに**
- **人数が多いほうが盛り上がる**
- **次の言葉が見つからないときは「トン／トン　パ／ス」で順番を送る**

まだ語《ご》彙《い》が少ないので、同じ言葉を言ってもいい、ほかの人の真似をしてもいいなど、ルールをゆるめてあげましょう。

目的は語彙を増やすことより、ビートを感じながら言葉を発することです。

★ものの名前でリズムあそび

トン（ひざ）	トン（ひざ）	パン（手）	ダ（手）	→	トン（ひざ）	トン（ひざ）	ライ（手）	オン！（手）

中級

雨の日は家の中で全身運動リズムあそび

お子さんの動きが活発になってくると、お母さんにとって憂鬱《ゆううつ》なのは雨の日です。思いっきり外あそびでエネルギーを発散したいタイプの子だと、家あそびは力を持て余してしまいます。
そんなときは、全身を動かせるリズムあそびをしてみましょう。前述の「リズムあそび」同様に、「トン／トン」のかけ声で行います。

あそび方

「トン／トン」（手拍子2回）「バン／ザイ」（両手でバンザイ）
「トン／トン」（手拍子2回）「あた／ま」（頭を2回たたく）
「トン／トン」（手拍子2回）「か／た」（両肩を2回たたく）
「トン／トン」（手拍子2回）「おな／か」（お腹を2回たたく）
「トン／トン」（手拍子2回）「おし／り」（お尻を2回たたく）

ラクラクポイント！

- 外あそびに匹敵するエネルギーを消費するので、よく食べよく眠ります。
- 大人もストレス発散、気分転換になります。
- 疲れたら途中から子どもにまかせることができます。

「トン／トン」（手拍子2回）
「ひ／ざ」（かがんでひざを2回たたく）
「トン／トン」（手拍子2回）
「かか／と」（かかとを2回たたく）

バリエーション例

「ロケット！」（両手を合わせて頭の上でまっすぐ伸ばす）
「かかし！」（両手を広げて片足立ち）
「ジャンプ！」（その場でジャンプ）

あそび方のコツ

✤すべて2、3回ずつ繰り返す

1回目でのり遅れても2回目にはちゃんとできるようになります。

★全身リズムあそび

トン	トン	バン	ザイ！	トン	トン	あた	ま！
（手）	（手）	（両手でバンザイ）		（手）	（手）	（あたま）	

上級

指を柔軟にするエア鍵盤あそび

手指の動きが柔軟になるこの時期だからこそ、指を1本ずつ丁寧に動かすあそびに挑戦してみましょう。ピアノをイメージした「エア鍵盤あそび」です。

ピアノを演奏するときは、指に番号を振り分けます。

「親指→1、人差し指→2、中指→3、薬指→4、小指→5」

まずは指番号を記憶させて、「1！」と言ったら親指を、「3！」と言ったら中指をぴくぴく動かします。

4の指（薬指）が一番難しいはずですが、「できない」と思わせないで、「なかなか言うことをきいてくれないね」「お隣の指も一緒にくっついてきちゃうね」と声をかけて、動かしやすい指とそうでない指があることを楽しみましょう。

やりやすい「2！」は元気な声で、やりにくい「4！」はちょっと苦し

ラクラクポイント！

- 「指示を聞いて、動かす指をイメージして、実際に動かす」と頭を使うので、脳の活性化に有効です。
- 公共の場で静かに過ごしたいときにもできます。
- 楽器や道具がなくてもあそべます。

そうな声で指示を出すと、たとえ動かせなくても会話を楽しめます。

あそび方

- 空中でも、ひざの上でもできます。
- 指番号の指示は交代でやるといいでしょう。
- ふたりで手と手を重ねて「指示した指を離す」のも楽しいですが、その場合には手の大きさが合う子ども同士でやりましょう。
- 両手を横に並べて左右対称の動きをするあそび方もありますが、難易度が高いため、もう少し大きくなってからチャレンジしましょう。

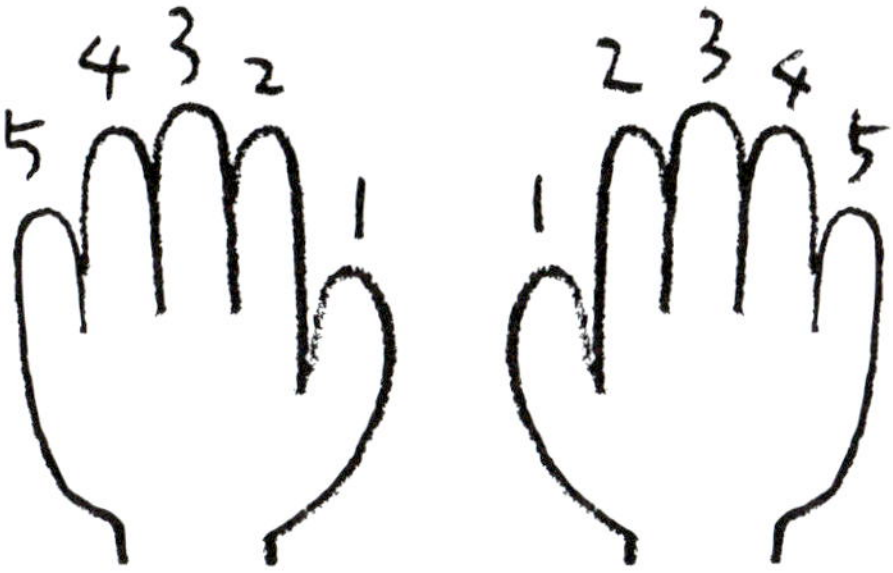
5 4 3 2 1
1 2 3 4 5

4…
2!

上級

デタラメ歌で感じたことを歌にしよう

外出時の移動時間、どのように過ごしていますか？　移動は、風を感じたり、景色を見たりして五感をフル回転させ、気がついたことを言葉にして共感するチャンスです。

まずは……歌をうたいましょう！

子どもが反応しなくたって気にしません。すれ違う人に聞かれても一瞬のことですから恥ずかしくありません。

お気に入りの曲が思い浮かばない場合には、「デタラメ歌」をその場で作ってしまいましょう。メロディは適当でいいですし、あえてつけずにラップのようにしてもカッコいいですね。

見たもの、感じたこと、今の様子などをそのまま歌にします。言うなれば、「即興」ですね。

たとえ反応が薄くても、子どもはしっかり聴いています。子どもはいつ

- 「目で観察」「耳を澄ます」ことで五感を大いに刺激します。
- 習慣にすれば、外出時に退屈したりぐずったりしなくなります。
- 気持ちや感じたことを言葉にするのはストレス解消、気分転換に！

も笑顔で楽しそうにしているお母さんが大好き。
大きな声で楽しくうたってください。

歌の例

✤目的を歌にする

「○○（スーパーの名前）へ行こう　○○へ行こう
なに買おう？　なに買おう？
キャベツ、ニンジン、タマネギ
キャベツ、ニンジン、タマネギ」

✤感じたことを歌にする

「いい匂い　いい匂い　何の匂い？
パン屋さん！（ドーナツ屋さん、ケーキ屋さんなど）
お腹がグーグー鳴ってるよ～」

体を思い切り動かせる オススメ曲

「雨の日は家の中で全身運動リズムあそび」（65ページ）でご紹介したのは、あくまでウォーミングアップです。ウォーミングアップだけでも十分運動になりますが、もしまだ体力があり余っている場合には、ダンスタイムに突入です。

ダンスタイムのための選曲のポイントは2つだけ。

★テンポは速め
★子どもがノリノリになる

振りつけのある曲だとしても、振りは完璧でなくてもいいですし、テンポにのり遅れても問題ありません。音楽に合わせて体を思い切り動かすことが目的です。

オススメ曲をほんの少しだけご紹介します。

- アンパンマンたいそう
- アンパンマン　サンサンたいそう
- おなら体操（のだめカンタービレ）
- ドスコイ！（ひらけ！ポンキッキ たいそう&おんど）
- ようかい体操第一
- おどるポンポコリン（E-girl'sバージョン）
- ひょっこりひょうたん島（モーニング娘。バージョン）
- はとぽっぽ体操

PART
4

3歳児のための
音楽＆リズムあそび

3歳は……

知的能力がぐんと発達して幼児の仲間入り

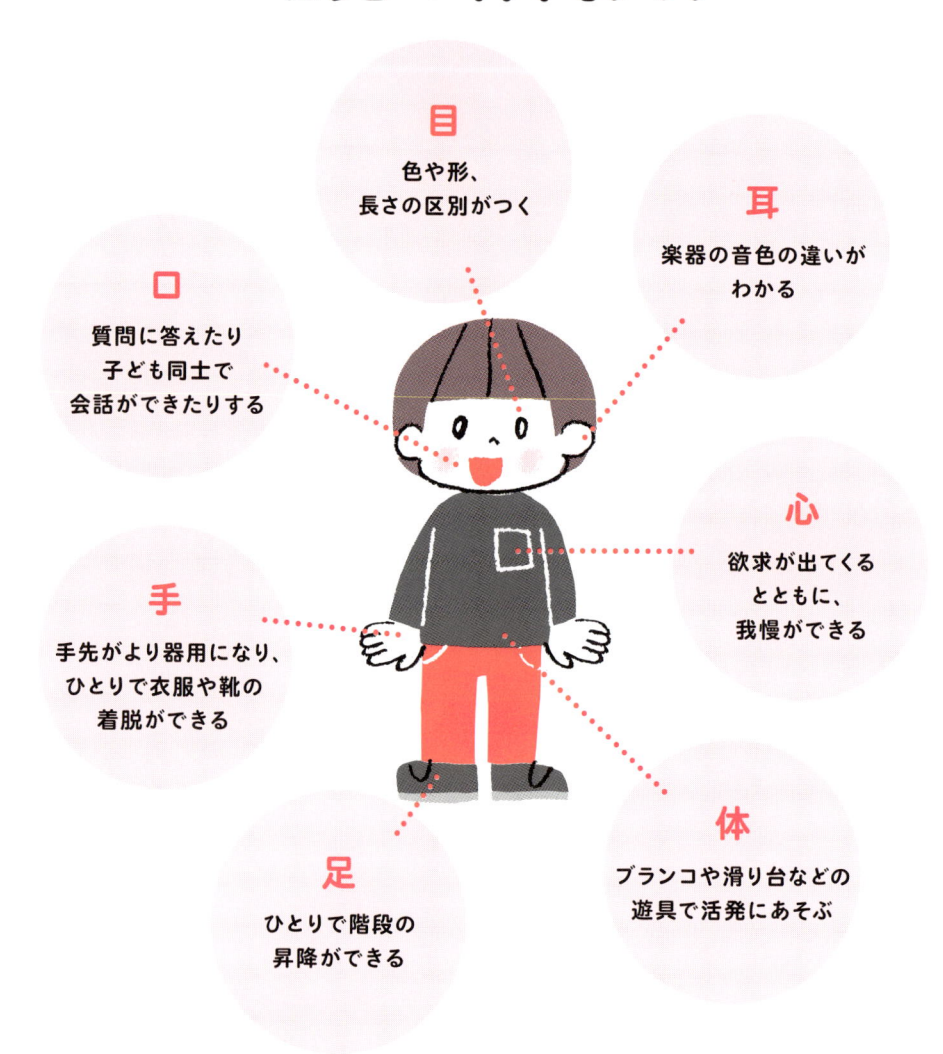

目

色や形、
長さの区別がつく

耳

楽器の音色の違いが
わかる

口

質問に答えたり
子ども同士で
会話ができたりする

心

欲求が出てくる
とともに、
我慢ができる

手

手先がより器用になり、
ひとりで衣服や靴の
着脱ができる

体

ブランコや滑り台などの
遊具で活発にあそぶ

足

ひとりで階段の
昇降ができる

成長の大まかな流れ

3歳0〜3ヵ月

・あいさつができる。
・おままごとなどのごっこあそびを楽しむ（女の子は「おままごと」、男の子は戦隊ものを真似する「闘いごっこ」が多い。男女問わず人気なのは「お店屋さんごっこ」）。
・三語文を理解する（お母さんの／大きな／枕）。
・ボールを蹴ったり、数メートル投げたりする。
・「〜したい」という欲求と同時に、我慢や待つことも少しできる。
・他人の会話にも興味を持つ。

3歳4〜7ヵ月

・トイレ、手洗い、ハミガキなどがひとりでできる。
・真似しながら描く、ハサミを使う、箸を使う。
・指示を理解して行動できる。マナーを意識しはじめる。
・四語文を理解する（私の／赤い／靴が／玄関にある）。
・片付けができる。
・自分と関係しない事柄への質問が増える。

3歳8〜12ヵ月

・簡単な数の概念がわかる。
・友だちとの関わりがうまくなる（ものの貸し借りや順番を守るなど）。
・自分の名前や簡単な住所が言える。
・大人の日常会話のほとんどを理解する。
・指示に従うことができる（直前に指示された場合のみ）。

3歳児の音楽あそびの極意

1 共同作業で音楽を作り上げよう！

2 頭と体をめいっぱい使おう！

3 子どもと真剣にケンカするな！

初級

歌のかけ合いで“自分の声”を聴けるようにしよう！

3歳になると、使える言葉の数がどんどん増え、複数の人と流れるような会話ができるようになってきます。そのなかで、自分の話すタイミングもつかみはじめます。

かけ合いのできる曲で「子どものパート」と「大人のパート」の役割を認識しながらうたってみましょう。

最初は指揮者のように指を指して順番を指示してあげるとよいですね。

歌の例1 「**森のくまさん**」 *（　）内は大人のパート、ピンク色は一緒に

あるひ　（あるひ）　もりのなか　（もりのなか）

クマさんに　（クマさんに）　であった　（であった）

はなさく　もりのみち　クマさんに　であった

歌の例2 「アイアイ」

＊（　）内は大人のパート、ピンク色は一緒に

アイアイ　（アイアイ）　アイアイ　（アイアイ）　おさるさんだよ
アイアイ　（アイアイ）　アイアイ　（アイアイ）　みなみのしまの
アイアイ　（アイアイ）　アイアイ　（アイアイ）　しっぽのながい
アイアイ　（アイアイ）　アイアイ　（アイアイ）　おさるさんだよ

うたい方とコツ

✤ 一緒にうたうのではなく「ソロ」だと認識する

「自分の声」を自分でしっかり聴けるようにするのが目的です。

✤ うたったあとには必ずほめる

「上手ねえ！」「きれいな声」「かっこいい声」などとほめましょう。

✤ 余裕があれば手拍子を加える

「オノマトペを含む歌を楽しもう」（37ページ）で紹介した手拍子を加えましょう。

✤ 慣れたら大人のパートと子どものパートを交代してみる

ラクラクポイント！

- 相手のフレーズを聴いたり待ったりということができるようになり、責任感と自信が身につきます。
- 大人もストレス発散、気分転換になります。

初級

指揮に挑戦！～2拍子

リズムを声に出しながら指揮をしてみましょう。

歌詞の内容に合わせて手や体を動かす手あそび歌と違い、指揮の場合は、歌のほうを手の動きに合わせる必要があるので、高度です。

子どもが指揮をしながらうたうのが理想ですが、慣れるまでは指揮と歌を分担するか、ＣＤやテレビの音楽にあわせて指揮の練習をします。

まずは簡単な２拍子からはじめてみましょう。

指揮（２拍子）のやり方

- 「１」で手を下ろして「２」で上に戻します。
- 自然と重力のかかる「１」が強拍になるので強めにカウントします。
- ＣＤやテレビに合わせて練習するときは「**1**（強）、2（弱）、**1**（強）、2（弱）」と抑揚をつけて声に出すと、だんだんビート感が出てきます。

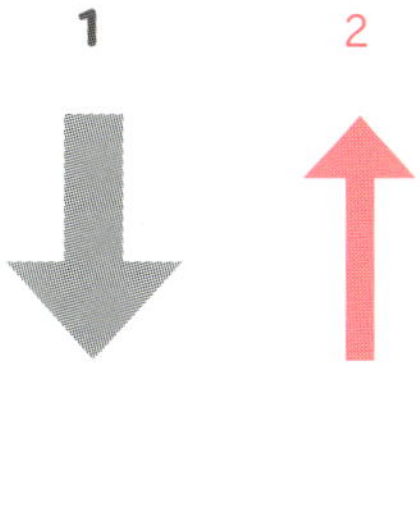

歌と指揮の例 **「どんぐりころころ」**

どんぐりころころ　どんぶりこ
（1　2　1　2　1　2　1　2）
おいけにはまって　さあたいへん
（1　2　1　2　1　2　1　2）
どじょうがでてきて　こんにちは
（1　2　1　2　1　2　1　2）
ぼっちゃんいっしょにあそびましょう
（1　2　1　2　1　2　1　2）

指揮のコツ

- **手は休めないで元気よく振る**
- **前半は少し力を抜いて「ぼっちゃんいっしょにあそびましょう」は両手で大きく振る**

手の振りが大きくなれば、より大きな声でうたい、音楽も盛り上がることを教えます。

- **慣れてきたら、子どもの指揮に合わせてうたってみる**

指揮のテンポにあわせてうたってあげると、喜びます。

ラクラクポイント！

- 子どもがひとりで指揮をしながらうたうので、手がかかりません(大人は指揮だけ参加、歌だけ参加も可能)。
- 「手を動かす」「手の動きに合わせてうたう」という組み合わせの動作は脳の活性化につながります。
- 音楽の盛り上がりなどを理解できるようになります。

中級

指揮に挑戦！～3拍子

3拍子の指揮にも挑戦してみましょう。上げ下げするだけだった2拍子とは違い、三角形を描く3拍子は慣れるのに時間がかかります。

子どもが指揮をしながらうたうのが理想ですが、慣れるまでは指揮と歌を分担するか、ＣＤやテレビの音楽にあわせて指揮の練習をします。

指揮（3拍子）のやり方

- 3拍子は三角形を描くように手を動かします。
- 角ばらないように、少したわみのある三角形をイメージします。
- 音楽と合わせた練習では「１２３」と声に出しながら手を動かします。
- 「1」を強めに声に出して強めに振ると、強拍が感じられて、より3拍子らしくなります。

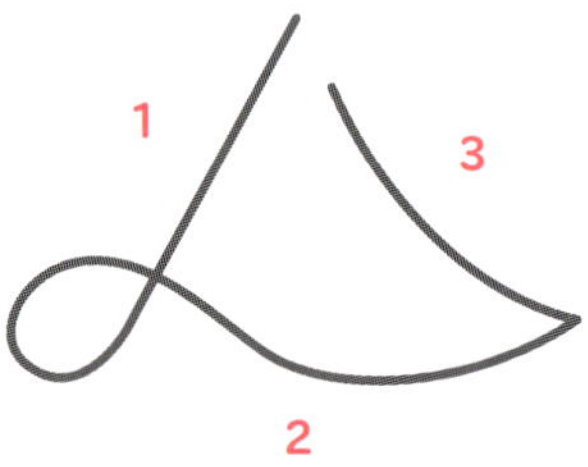

歌と指揮の例　「ぞうさん」

ぞ　うさん　ぞ　うさん　お　はながながいのね
（1 2 3　1 2 3　1 2 3　1 2 3）

そうよ　かあさんも　な　がいのよ
（1 2 3　1 2 3　1 2 3　1 2 3）

指揮のコツ

- ゆったりうたうときは、ゆるやかで大きな三角形を描きます。速く小さく描くと、速いテンポでうたわなくてはいけなくなります。
- まずは一定の動き（指揮のカウント）でうたい、慣れてきたらさまざまな動きを試します。たとえば体全体でゆっくり大きな三角形を描いて、のっそりとした年寄りのぞうさんを表現してみましょう。動き次第でテンポや表現が変わることを理解します。
- 慣れてきたら、子どもの指揮に合わせてうたってみましょう。指揮の動きにあわせてうたうと、喜びます。

ラクラクポイント！

- 子どもがひとりで指揮をしながらうたうので手がかかりません（大人は指揮だけ参加、歌だけ参加も可能）。
- 「動きを確認しながら手を動かす」「手の動きに合わせてうたう」という組み合わせの動作は脳の活性化につながります。

・速いテンポのとき

・遅めのテンポのとき

・ゆったりと遅いテンポのとき

中級

めいっぱい動こう！からだパーカッションあそび①

体を楽器にして、足拍子や手拍子に加えて、ひざや肩やお腹や頭など体の一部をたたいて音を出します。「たたく」といっても乱暴にたたくのではなく、リズミカルに優しくたたいてください。

からだパーカッションには決まった動きはありません。そのときの気分や曲の雰囲気に合わせ、リズムにのって自由にたたいてみましょう。

からだパーカッションの例1　**「おもちゃのチャチャチャ」**

＊チャチャチャだけ手拍子で、それ以外はひざ打ち。

おも ちゃの　チャチャチャ　おも ちゃの　チャチャチャ
（ひざ）（ひざ）　（手）（手）（手）　（ひざ）（ひざ）　（手）（手）（手）

チャチャチャ　おも ちゃの　チャチャチャ
（手）（手）（手）　（ひざ）（ひざ）　（手）（手）（手）

ラクラクポイント！

- 道具はいっさいいりません。
- コツをつかめば、どんな曲にも応用できます。

からだパーカッションの例2　**「あんたがたどこさ」**

＊手拍子しながら「さ」で体の一部を自由にたたく。

あんたがたどこさ　ひごさ　ひごどこさ
（手）（手）（手）（左ひじ）（手）（右ひじ）（手）（手）（左肩）

くまもとさ　くまもとどこさ　せんばさ
（手）（手）（右肩）（手）（手）（手）（ひざ）（手）（ひざ）

せんばやまには　たぬきがおってさ
（手）（手）（手）（手）（手）（手）（手）（お腹）

それをりょうしが　てっぽうでうってさ
（手）（手）（手）（手）（手）（手）（手）（頭）

にてさ　やいてさ　くってさ
（手）（肩）（手）（お腹）（手）（ひざ）

それをこのはで　ちょいと　かぶせ
（手）（手）（手）（手）（手）（手）（手）（手）

からだパーカッションは「振りつけ」ではなく、立派な「演奏」です。音楽をよく聴いて、リズムにのってみましょう。

中級

音や声を一切出さずにできるサイレントリズムあそび

電車の中、病院の待合室など、なるべく大声を出さないで過ごしたい場所で簡単にできるリズムあそびです。

親子で手をつなぎ、一定のリズムで子どもの手をギュッと握ります。そして、それと同じように握り返すように子どもに伝えます。1回ごとにリズムを変えていきましょう。

リズム例

親　ぎゅっ　ぎゅっ　（2回握る）

↓

子　ぎゅっ　ぎゅっ　（同じリズムで2回握る）

親　ぎゅー　ぎゅっ　ぎゅー（リズムをつけて３回握る）

子　←　ぎゅー　ぎゅっ　ぎゅー（同じリズムで３回握る）

親　ぎゅぎゅぎゅぎゅ（だんだん強くしながら４回握る）

子　←　ぎゅぎゅぎゅぎゅ（同じ強弱で４回握る）

お母さんと触れ合ったままできるこのあそびは、甘えん坊の子にはピッタリです。

「問題&答え」のクイズのようなあそびで、音楽の専門用語では「リズム聴音」と呼ばれています。

役割を交代して、子どもから出題してもらっても楽しいですね。

「感じる→記憶する→反復する」という動作は学習の基本であり、繰り返し訓練することで脳の活性化が期待できます。

ラクラクポイント！

- 静かに過ごすことができます。
- 手をつなぐことは親子間のコミニュケーションのひとつです。
- 添い寝をしたときに眠くなるまでのあそびとしても利用できます。

上級

エア鍵盤で「メリーさんのひつじ」をマスターしよう

2歳児用のエア鍵盤あそび（67ページ）をもう少しレベルアップして指番号とドレミを連動させましょう。使うのは右手です。

1→ド　2→レ　3→ミ　4→ファ　5→ソ

最初は「12345」と言いながら指を順番に動かしてみます。次に「ドレミファソ」と言いながら同じように指を順番に動かします。これを何回か繰り返しましょう。

慣れたら、「ミ！」の合図で3の指（中指）を動かす、「レ！」の合図で2の指（人差し指）を動かすというように、ドレミファソの音名で指を動かす練習をします。

完全に音名と指が連動するようになったら、ドレミソの4つの音だけで演奏できる「メリーさんのひつじ」を試しましょう。まずは歌詞でうたって、そのあと音名を教えるという手順です。

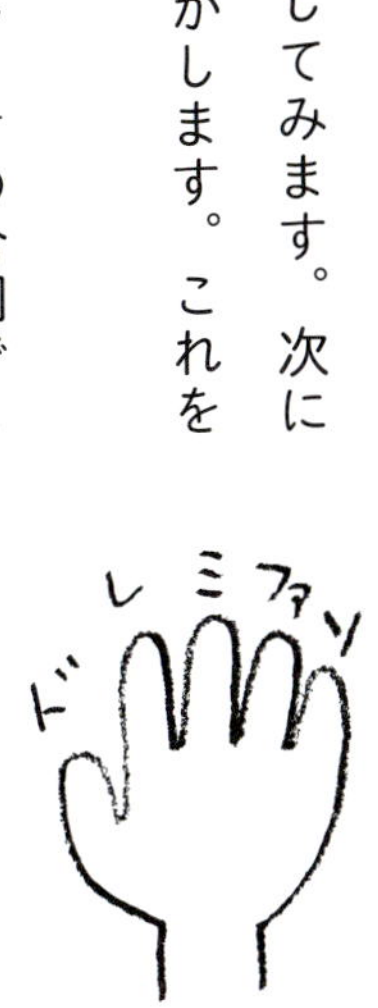

歌とエア鍵盤例　**「メリーさんのひつじ」**

「メリーさんのひつじ　めぇめぇ　ひつじ
メリーさんのひつじ　まっしろね」

↓「ミーレドレミミミ　レレレ　ミソソ
ミーレドレミミミ　レレミーレド」

↓「3212333　222　355
3212333　22321」

ここまで覚えられたら、ここから先は音名と指を丁寧に連動させていきます。これは鍵盤演奏の基礎なので、このやり方を覚えれば鍵盤ハーモニカやキーボード、ピアノなどがすぐに弾けるようになり、自信につながります。

＊指番号は弦楽器や管楽器など、ほかの楽器には応用できないのでご注意ください。

ラクラクポイント！

- 「歌詞と音名を覚え→動かす指をイメージして→実際に動かす」と頭を使うので、脳の活性化に有効です。
- 公共の場で静かに過ごしたいときにもできます。
- 楽器や道具がなくてもあそべます。

上級

めいっぱい動こう！
からだパーカッションあそび②

３歳児は体を動かすことが大好き。体力をたっぷり使う「からだパーカッション」でさらにあそびましょう。

大切なのは「リズムを感じて自分で新しいリズムを作り出す」こと。最初は難しいので、まずは動きを見せて教えながら、少しずつ好きな動きを増やすように促しましょう。だんだんと自由で新しいリズムや動きを見つけ出せるようになるはずです。

次ページにリズムパターンをいろいろと紹介しています。

ひとつをじっくりやっても楽しいですが、さまざまなパターンを組み合わせてあそんでみましょう。

「ウン」はお休みですが、口に出して言ってみます。

ラクラクポイント！

- 運動量がとても多いので、食欲も出て、よく眠ります。
- お母さん自身もストレス解消、気分転換になります。

リズムパターン例

✤**パターン1［手拍子のみ］**

ウン パン ウン パン ウン パン…
（休）（手拍子）（休）（手拍子）（休）（手拍子）

✤**パターン2［ひざ打ちのみ］** ＊かがんで両手でひざをたたく。

ウン ポン ウン ポン ウン ポン…
（休）（ひざ）（休）（ひざ）（休）（ひざ）

✤**パターン3［お腹＋お尻］**

ポンポンポンポン ペンペンペンペン…
（腹）（腹）（腹）（腹）（尻）（尻）（尻）（尻）

✤**パターン4［肩］** ＊右手で左肩を、左手で右肩をたたく。

ウン トン ウン トン ウン トン ウン トン
（休）（左肩）（休）（右肩）（休）（左肩）（休）（右肩）

✤**パターン5［全身］** ＊肩から足まで、体の両側をたたきながら徐々にかがむ。

パタパタパタパタパタパタ…

からだパーカッションの例

「小さな世界」

あわてんぼうの　サンタクロース　（パターン1）
クリスマスまえに　やってきた　（パターン2）
いそいで　リンリンリン　（パターン3［腹］）
いそいで　リンリンリン　（パターン3［尻］）
ならしておくれよ　かねを　（パターン4）
リンリンリン　リンリンリン　リンリンリン　（パターン5）

＊親はすわってできます。

オススメの手あそび歌

手あそび歌は、楽しいだけでなく、適度な運動になるので、あそんだあとは食欲が出てちゃんとご飯を食べたり、ぐっすり寝たりといった、お母さんにとってもうれしいことがたくさんあります。

さらに、動きを真似たり、新しい動きを考えたりといったことは脳の発達にも効果的です。

子どもの体の発達に合わせた手あそび歌をご紹介します。

指だけでできるもの

・おつかいありさん　・おはなしゆびさん

手だけでできるもの

・あじのひらき　・わにのかぞく
・やきいもグーチーパー　・ひげじいさん
・ミックスジュース
・おべんとうばこのうた
・おおきなたいこ　・カレーライスのうた
・グーチョキパーでなにつくろう
・はじまるよ、はじまるよ
・おおきくなったらなんになる

体全体（上半身）を使うもの

・げんこつやまのたぬきさん
・いっぽんばし
・いとまき　・むすんでひらいて
・ごんべさんのあかちゃん
・あたま・かた・ひざ・ぽん

PART
5

4～6歳児のための
音楽＆リズムあそび

4〜6歳は……

言葉、行動、心の“急”成長期

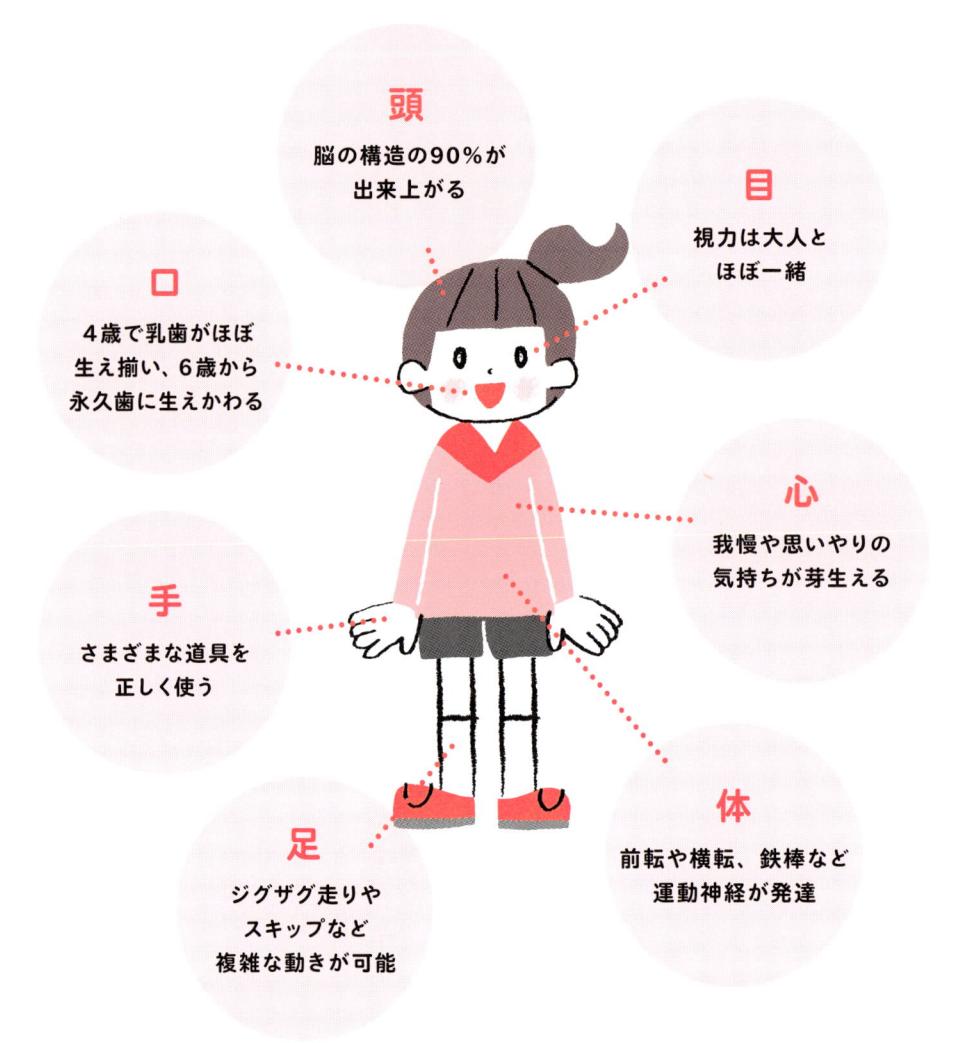

頭
脳の構造の90%が
出来上がる

目
視力は大人と
ほぼ一緒

口
4歳で乳歯がほぼ
生え揃い、6歳から
永久歯に生えかわる

心
我慢や思いやりの
気持ちが芽生える

手
さまざまな道具を
正しく使う

体
前転や横転、鉄棒など
運動神経が発達

足
ジグザグ走りや
スキップなど
複雑な動きが可能

成長の大まかな流れ

4歳〜

・着替えなどがひとりでできる。
・自分の意志をきちんとした文章で相手に伝えられる。
・ものの比較（大小、長短、高低、重軽など）や順序が理解できる。
・話す相手によって、口調を変えられる。
・長い会話にも参加できる。
・会話の流れを理解する。
・手にものを持って階段をおりることができる。
・大きな遊具でもあそぶことができる。

5歳〜

・お箸を使いこなして食事ができる。
・お手伝いを喜んでやる。
・相手の感情を読み取ることができる。
・ジャンケンができる。
・言葉や数字を瞬時に記憶するなど集中力と記憶力が発達する。
・お出かけの準備がひとりでできる。
・話の創作ができる。
・おおまかな時間の経過を理解できる。

6歳

・ひらがなの読み書きができる。
・「〜です」「〜ます」が使える。
・カレンダーや時計が読める。
・観察したこと、想像したものなどを絵で表現できる。
・状況に合わせた擬態語を使うことができる。
・公共の場でのルールやマナーを理解できる。
・自分から友達を作ったり相手を思いやったりできる。

4～6歳児の音楽あそびの極意

1 何でも**挑戦**させよう！

2 **集中力**と**想像力（創造力）**を刺激しよう！

3 子どもの**成長**を喜び、楽しもう！

初級

外で覚えてきた歌や踊りを家庭で再現

この頃、幼稚園などで集団生活を体験するようになります。そこでの様子を「幼稚園ごっこ」などで再現するのもこの時期の特徴です。「新しく与える」よりも「好きなことを伸ばしてあげる」を意識してもよいですね。

✤好きなだけうたわせてあげる

声に出してうたうだけではなく、鼻歌をうたうのもこの時期からです。

✤時間、空間、位置感覚や記憶力のトレーニングサポート

「次の歌詞なんだっけ？」「2番からうたってみよう」など試してみましょう。

✤正しい言葉と意味を教える

歌詞を「音」で記憶している場合が多いので、正確な言葉と意味を教えます。

✤親が知らない曲や歌は子どもに教わる

子どもにとって、「教える」行為は「教わる」以上に頭を使います。

ラクラクポイント！

- 家事をしながらでも一緒に楽しめます。
- 園で習ってきたことを復習することで、理解度が深まります。
- 楽しかったことを再現することで子どもはゴキゲンです。

初級

本物に触れる機会を作ろう

保育園や幼稚園では、本物の楽器に触れる機会が増えます。多いのはタンバリンやカスタネット、鈴、シンバル、太鼓などの打楽器、木琴、ハーモニカ、鍵盤ハーモニカなどの旋律楽器などです。

テレビの子ども向け番組で楽器の生演奏をしていることがあります。そんなときには楽器についても話してみましょう。具体的な楽器名を言わなくても、「後ろに演奏している人がいるね」「指揮者はどこかな？」「どんな楽器がある？」と目を向けさせるだけでもいいですね。

生演奏はとても刺激的で音の迫力も違います。もちろん、興味を持たないかもしれませんが、それもひとつの感性です。その経験はその子が将来何かを選択するときの判断材料になるかもしれません。

小さい頃から本物に触れて、目と耳と心を研ぎ澄ます機会をたくさん与えてあげてください。

ラクラクポイント！

- 感性が豊かになります。
- 体験が自信につながります。

中級

音楽で自然と体が動くような理想の状態を作ろう

テレビやDVDなどで音楽を聴くときは、ただ「見る」のではなくて「感じる」ように促しましょう。

一緒にうたうときも、体の一部をリズムや音楽に合わせて動かします。ノリのいい音楽では一緒に踊ったり、静かで穏やかな音楽では指揮者のように手を動かしたりして音楽の流れを味わうのもいいですね。

「体を動かす」というよりは「自然に動きたくなる」状態が理想です。音楽に耳を澄ますことが習慣になっていると、音楽に瞬時に反応するようになります。

メロディよりもリズムに興味を持つ子、リズムよりもメロディを一緒にうたいたがる子、同じ楽曲でも捉え方や反応が違います。無理やり体を動かそうとしたりうたわせたりするのではなく、その子が興味を示したものを一緒に楽しみましょう。

ラクラクポイント！

- お母さんのひざの上に抱っこしたままでもできます。子どもが甘えたいときや、スキンシップをとりたいときにやってもよいでしょう。
- 「耳を澄ます」ことで集中力が養われます。
- 曲調によって拍子のとり方が変わるので表現力がつきます。

音楽の感じ方の例

- 足のつま先で拍子をとる
- 両足を交互に動かして拍子をとる（行進するように）
- 上半身を左右に振って拍子をとる
- 手でリズムをきざむ
- 椅子に座ってドラムのようにももを両手でたたく
- 指揮者のように手を動かして音楽の流れを感じる
- 自由に踊る

中級

ドレミファソラシドの階段をのぼったりおりたりしよう

４歳以降は音の並びを理解するために「ドレミファソラシド」の8つの音名を覚えましょう。階段を使ったあそびで身につけることができます。

階段のぼり「ドレミファソラシド」

手で高さの変化を示しながら、下から階段をのぼる様子をイメージさせてください。そうすると、平らな発音にならず、自然と音程が変化します。

階段くだり「ドシラソファミレド」

同じように手を使って、上から階段をおりてくるような様子をイメージさせます。

一段飛ばし「ドミソ」

一段飛ばすので、手の刻みは少し大きくなりますね。「レファラ」「ソミド」など、のぼったりおりたりしてみましょう。

ラクラクポイント！

- イメージトレーニングになります。
- 立体空間と音の高低を結びつける脳トレになります。
- 音程を意識しながら声を出す習慣を身につけられます。

スタート位置を変えて階段のぼり、一段飛ばし

「レミファソラシドレ」「ミソシ」「（上から）ドラファ」などさまざまなパターンでやってみましょう。

どこからスタートしても音名が正しく言えるようになれば「音階」をマスターした証拠です。手で示す階段が理解できないときは、絵に書いてあげるのもいいでしょう。この時期は絵やプリントの内容が理解できます。一緒に階段の絵を描きながらうたってみるのもよいです。

このあそびの目的は、音程を正確にうたうことではなく、高低の順番を理解することです。階段のイメージや手の振りによって高低をイメージすることができ、立体や空間の感覚も養えます。

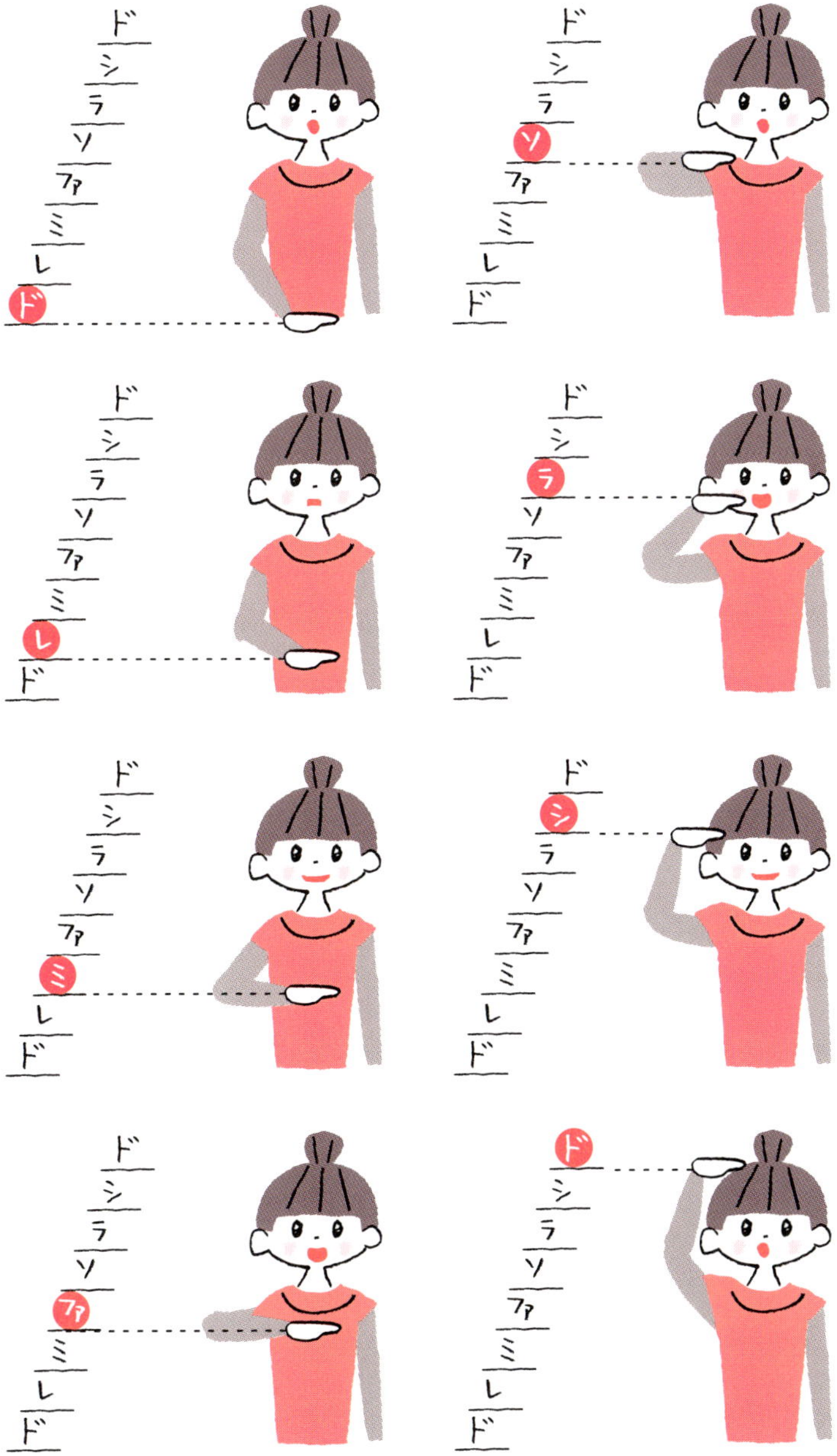
ド
シ
ラ
ソ
ファ
ミ
レ
ド
ド
シ
ラ
ソ
ファ
ミ
レ
ド
ド
シ
ラ
ソ
ファ
ミ
レ
ド
ド
シ
ラ
ソ
ファ
ミ
レ
ド
ド
シ
ラ
ソ
ファ
ミ
レ
ド
ド
シ
ラ
ソ
ファ
ミ
レ
ド
ド
シ
ラ
ソ
ファ
ミ
レ
ド
ド
シ
ラ
ソ
ファ
ミ
レ
ド

上級

両手エア鍵盤あそびで脳を刺激する

この時期になったら左右が違う動きをする両手でのエア鍵盤に挑戦してみましょう。まずは準備体操からはじめて、片手、両手と進んでいくのがオススメです。

日本人の約９割は右利きだと言われていますが、左手を右手と同じように動かすことは脳のよい刺激になります。日常生活において、両手で同時に細かな動きをする機会は少ないので、ぜひ楽しくあそんでみましょう。

①準備体操「ひとりジャンケンゲーム」

- 右手がいつも左手に勝つようにジャンケンをします。
- 左手は必ずグー→チョキ→パーの順番で出します。
右手はパー→グー→チョキの順番です。
- 慣れてきたら、右手がいつも負ける設定も試してみましょう。

ラクラクポイント！

- 最初に教えてあげたら、あとは子どもひとりであそべます。
- 両手の指を動かすことで脳が活性化します。
- 静かに過ごしたい公共の場ではひざの上で一緒にあそべます。

②左手の指を1本ずつ動かす片手エア鍵盤

- ドレミファソの5つの音名に合わせて指を動かします（67ページ参照）。
「ミ」→3、「ファ」→2、「ドミ」→53、「ソミ」→13など。

③両手でエア鍵盤

- ひざの上でも簡単にできます。
- 両手で「ドレミファソ」と「ソファミレド」を行ったり来たりします。
- 「ミ」「ソ」など、ランダムに音を選んで両手の指を動かします。
- 余裕があれば、2つの音や3つの音を連続で動かします。
「ミソ」「ミドミ」「ファファレ」「ドミソ」など。
- 両手で「メリーさんのひつじ」（89ページ参照）に挑戦してみましょう。

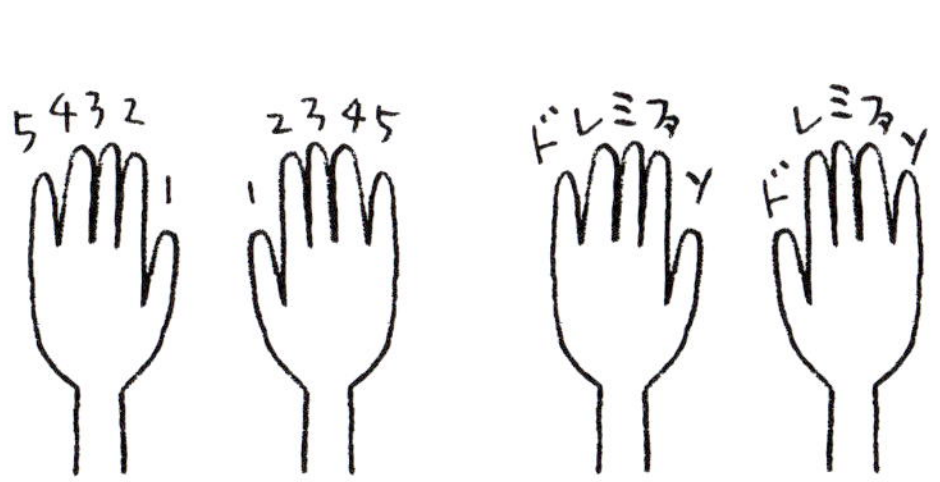

特別

怒鳴りたいときはうたって！　毎日がオペラ！

親というのは毎日本当に大変です。些細なことでもついイライラして声を荒らげてしまうことがあります。5歳ぐらいになると子どもはだんだん口応えをするようになるので余計に腹立たしい気分になってしまいますね。

そんなときは、歌をうたいましょう。

怒鳴りたい内容も、無理やりにでも歌にすると怒りの鋭いトゲが消えます。お腹から声を出すことは、ストレス解消にもつながります。

「夕ごはんよ！」「幼稚園へ行く時間よ！」「まだ用意できてないの？」「急いで！」など大声で叫んでしまいがちなフレーズは歌にしてしまいましょう。

すると、言うほうも言われるほうも大きく印象が変わってストレスが軽減されます。

探し物をするときも、「どこにしまったの！　ちゃんとお片づけしない

ラクラクポイント！

- イライラが減って楽しい気持ちになります。
- 大きな声でうたうことでストレス解消につながります。
- 創作力や即興力がつきます。

からよ！」と言いたいところを「どこ？　どこ？　○○（探し物）さ～ん、でーてきーてくださーい！」とうたいながら探せば、とても楽しい雰囲気になりますね。

もちろん、楽しいときには歌にすることでさらに楽しい気分になります。

メロディは適当でかまいませんので、いろいろな声色を試してみましょう。あるときはオペラ調のソプラノで、テノールの男性風に、はたまたディズニーのキャラクターのモノマネをしたり。

「○ちゃんはミッキーマウス、お母さんはドナルドダックになるね」と役を決めてモノマネしながら歌で会話するのも楽しいですね。

ラップの得意なお母さんはラップ調にしてもおもしろいです。言葉の合間に「Ｈｅｙ！」「Ｙｏ！」「Ｂａｂｙ！」なんて入ってくるだけで、グルーヴ感がぐんと増します。

言葉にリズムやメロディがつくだけで、途端にその場の空気が和んだり楽しさが倍増したりすることを、お母さん自身も体験してみてください。

おわりに

育児を取り巻く環境は日々変化しています。

最近の親子を見ていますと、子どもが騒いだらスマートフォンやゲーム機を与えて静かにさせるという光景をよく目にします。

一見「ラク」に思えるアイテムも、親子がしっかり目を合わせたり触れ合ったりする時間を減らしてしまい、その結果コミニュケーション不足に陥っているのではないかと思えます。

お子さんとじっくり関わることができるのは、幼稚園に入るまでのわずか４～５年です。長い人生の中で考えるとあっという間です。

そこで、自分の経験も踏まえて、忙しいお母さんやお父さん、そしてお孫さんの面倒をみるおじいちゃんおばあちゃんに、道具不要、体力不要の「音楽あそび」を紹介したいと長年考えていました。

音楽といっても特別な知識は不要です。日常にあふれている、ささいなことばかりです。子どもたちはもちろん、一緒にあそぶ大人にもメリットがたくさんあります。

本来「ラクな育児」などありえないと私は思っています。

育児は本当に忙しくて大変ですが、「楽しい」と思える要素をたくさん取り入れて一生に一度だけのお子さんとの貴重な時間を過ごしてください。


音楽家という立場で、これまでたくさんのお母さんたちに尋ねられた質問があります。

「ピアノはいつから習わせたらいいのですか？」

「教室に行かないとダメですか？」

私はいつもこのように答えます。

「音楽の〝素地〟は家庭で作れます。音楽にあふれた土壌で育った子は、本格的に音楽の勉強をはじめたときの吸収力がまったく違います」


本書が家庭で音楽の素地を作る助けになればと願っています。

鈴木豊乃（すずき・とよの）
作・編曲家。国立音楽大学卒業、同大学院修了。日本作曲家協議会会員。ソリストへの作品提供、コンサートやCDのアレンジを多く手がける一方、こども向けの作品制作や楽譜出版を意欲的に行っている。指導者としては幼児から講師まで幅広い層に創作指導を行い、音楽業界で活躍している者も多い。
著書：「はじめてのピアノえほん①②」（成美堂出版）、「こどもピアノポップス」シリーズ、「こどもピアノクラシック」シリーズ、「こどもピアノれんだん」シリーズ（カワイ出版）、「バイオリン☆キッズ・コンサート」（ヤマハミュージックメディア）などがある。
http://www.toyonosuzuki.jp

【おもな参考文献】

・「0〜4歳 わが子の発達に合わせた1日30分間『語りかけ』育児」
　サリー ウォード著　汐見 稔幸監修　槙朝子訳（小学館）
・「生徒を伸ばす！ピアノレッスン大研究【導入編】」（ヤマハミュージックメディア）

簡単！ 楽しい！
おうちでできる音楽&リズムあそび

2016年2月10日　初版発行
2021年1月20日　第５版発行

著　　者　鈴木豊乃
発 行 者　押木正人
発 行 所　株式会社ヤマハミュージックエンタテインメントホールディングス
　　　　　ミュージックメディア部
　　　　　〒171-0033　東京都豊島区高田3-19-10
　　　　　電話 03-6894-0250（営業） インターネット・ホームページ https://www.ymm.co.jp
イラスト　うつみちはる
デザイン　村上佑佳
編　　集　國井麻梨
印刷・製本　シナノ印刷株式会社

JASRAC 出 1515479-904
ISBN 978-4-636-91943-1 C0073